# 药房模式
# 创新突围

## 20个实战案例

### 解码行业未来

代 航 于志刚 主编

霍佩琼 李从选 齐 丽
王李珏 李 梅 桑红岩 副主编

立信会计出版社
LIXIN ACCOUNTING PUBLISHING HOUSE

图书在版编目（CIP）数据

药房模式创新突围：20 个实战案例解码行业未来 / 代航, 于志刚主编. --上海：立信会计出版社, 2025. 5. -- ISBN 978-7-5429-7916-2

Ⅰ. F717.5

中国国家版本馆 CIP 数据核字第 2025XM4574 号

策划编辑　　华春荣
责任编辑　　张翠芳
助理编辑　　谢朋谕
美术编辑　　吴博闻

## 药房模式创新突围：20 个实战案例解码行业未来

YAOFANG MOSHI CHUANGXIN TUWEI

| 出版发行 | 立信会计出版社 | | |
|---|---|---|---|
| 地　　址 | 上海市中山西路 2230 号 | 邮政编码 | 200235 |
| 电　　话 | （021）64411389 | 传　　真 | （021）64411325 |
| 网　　址 | www.lixinaph.com | 电子邮箱 | lixinaph2019@126.com |
| 网上书店 | http://lixin.jd.com | | http://lxkjcbs.tmall.com |
| 经　　销 | 各地新华书店 | | |
| 印　　刷 | 常熟市人民印刷有限公司 | | |
| 开　　本 | 710 毫米 × 1000 毫米 | 1/16 | |
| 印　　张 | 18.75 | | |
| 字　　数 | 210 千字 | | |
| 版　　次 | 2025 年 5 月第 1 版 | | |
| 印　　次 | 2025 年 5 月第 1 次 | | |
| 书　　号 | ISBN 978-7-5429-7916-2/F | | |
| 定　　价 | 120.00 元 | | |

如有印订差错，请与本社联系调换

## 编委会

**总 顾 问** 江 琎

**顾问委员会** 李文杰　刘建国　王毅清　郑明龙　徐郁平
　　　　　　 龙 岩　 徐晓平　赵 飚　 徐 胜　 张国芳
　　　　　　 黄秋云　石崇荣

**主　　编** 代 航　 于志刚

**副 主 编** 霍佩琼　李从选　齐 丽　 王李珏　李 梅
　　　　　　 桑红岩

**编　　委** 耿 军　 杨传宝　陈洲华　朱增智　郑海秀
　　　　　　 郑小伟　杨凤霞　何育伦　易 文　 李志锋
　　　　　　 韩曙光　马成伟　黄辉永

# 序 一

PREFACE

## 积淀十年模式创新，擘画药房未来格局

刘忠良

创新是社会进步和行业变革的重要推动力，也是企业自身竞争力的主要源泉。中国医药物资协会一直鼓励和倡导创新，尤其是药房的模式创新。药房模式的创新涉及方方面面，需要经营者的果敢决策与长期坚持，这不仅考验企业家的决策能力，还考验企业家审时度势的能力。企业家要认清自身资源状况，合理匹配经营要素，把一时的创新变为持续的创新，把单一模式的创新与其他模式的建立或发展有机结合，从而确保企业稳步走在持续创新的路上。

从行业发展的角度看，正是代表性企业在各方面的模式创新或相互借鉴、匹配，才开启了企业发展的大门，同时也带动了行业的整体进步。《药房模式创新突围：20个实战案例解码行业未来》一书，通过一个个真实鲜活的案例，生动展现了零售药房在最近十年的模式创新历程，某种程度上也揭示了其中的一些规律，甚至一些不为人知的商业秘密。因此，这本书的出版显得难能可贵，同时也有比较重要的意义。在DeepSeek横空出世的2025年，在这个已经开启的、令人叹为观止甚至匪夷所思的人工智能新时代，以往的模式创新是否已经失去面向未来的意义？恰恰相反，我们认为，积淀

十年的药房模式创新，当然有面向未来的部分，在这样一个关键的时间节点整理过往、眺望前路，非常有利于大家共同擘画药房未来的新格局。

让我们拭目以待吧。

（刘忠良系中国医药物资协会执行会长兼秘书长）

# 序 二

## 变革时代的药房行业模式创新图谱

张思民

中国医药健康产业正迎来前所未有的变革。在健康中国战略指引下，随着《"十四五"国民健康规划》《关于进一步完善医疗卫生服务体系的意见》等政策的陆续出台，药房行业被赋予了更重要的使命——从单纯的药品销售终端，逐步转型为为基层健康服务。作为见证中国医药行业36年发展的从业者，我深刻感受到，这一转型不仅充满挑战，更孕育着无限机遇。

改革开放初期，药品零售行业的核心命题是解决"有没有"的问题。连锁药房的规模化扩张，曾是企业抢占市场的主要路径。然而，随着政策环境趋严、消费者需求分层，以及互联网医疗、跨界竞争者的涌入，传统药房的商业模式面临根本性挑战。本书收录的案例清晰地揭示了一个趋势：药房的价值定位正在从"药品销售终端"转向"健康服务入口"。无论是医药企业（简称"药企"）与药房联合打造的DTP[①]药房模式，还是依托会员数据的个性化慢病[②]管理服务，均显示了行业从"交易场"到"服务场"的转型决心。

随着人工智能（artificial intelligence，AI）技术的持续突破，药

---

① DTP 即 direct-to-patient，DTP 药房是直接面向患者的药房。
② 医学术语，同"慢性病"。

房行业也将面临数字化驱动效率革命。值得注意的是，数字化工具的落地必须与行业特性——药学服务的专业性、药品监管的特殊性结合，这一要求决定了医药健康领域的数字化必须做到"有温度的精准"。行业同仁的探索实践不仅提升了行业效率，更体现了由"被动医疗"向"主动健康"转移的价值主张，传统领域将通过技术创新与跨界融合焕发新的活力。

展望未来，随着人口老龄化加速和健康消费升级，药房作为最贴近社区居民的健康服务网点，在提供便捷可及的医药服务方面具有天然优势。在高质量发展成为行业共识的今天，零售药房既面临转型升级的挑战，也迎来价值重塑的机遇。但我们必须清醒认识到，只有那些真正以患者为中心、持续提升专业服务能力、勇于拥抱技术变革的企业，才能在这场深刻转型中赢得先机。期待本书中的创新案例能够为行业同仁提供有益参考，更希望全行业能够把握健康中国建设的历史机遇，共同开创药房行业发展的新局面。

（张思民系深圳海王集团股份有限公司董事长、<br>山东海王星辰医药连锁集团股份有限公司董事长）

# 序 三
PREFACE

## 价值重构：医药零售行业二十年嬗变

齐丽

回望世纪之交，医药零售业恰似一部动态演进的多维博弈史。21世纪初，当平价药房模式撕开传统供销体系的口子时，鲜有人预见，这场价格革命的涟漪会持续激荡二十年，最终演变成数字化浪潮下的生态重构。

早期，即2015年前后的O2O[①]模式看似是渠道战争的延续，实则悄然改写了行业价值链条。头部企业以日均千单的履约量验证了"医药即时零售"的可行性，却也埋下同质化竞争的隐患。2023年，B2C平台[②]处方药价格战处于白热化阶段，部分品类毛利率已击穿10%的警戒线。这种野蛮生长倒逼从业者重新审视零售本质：当价格透明度抹平信息差后，真正的竞争壁垒必然向专业服务的深度迁移。

而医保药品集中带量采购常态化改革与老龄化进程构成了变革的双螺旋。改革推动处方外流，加速释放院边市场[③]红利。2024年，DTP药房销售额同比激增37%，印证了特药服务[④]的战略价值；老

---

① 即online to offline，线上到线下。一种将线上平台与线下实体药房的药品销售结合的商业模式。
② 即企业对消费者的电子商务平台。
③ 各类零售医疗相关机构汇聚形成的市场，主要围绕医院周边的区域发展。
④ 针对特殊药品提供的一系列专业服务。

龄化则催生慢病管理服务的结构性缺口，当前居家健康监测设备在药房渠道的复合增长率已达28%，昭示着"药品+服务+数据"的融合势能。

数字化转型在此扮演着矛盾统一体的角色：它既解构了传统门店的坪效逻辑，又借用AI辅助用药系统重构着健康服务的交付形态。但值得警惕的是，某些企业陷入"技术军备竞赛"误区，投入数亿元建设的智慧中台却未能有效激活健康数据资产。

站在新周期的门槛上，行业即将步入以"价值医疗"为主导的精耕期。三大趋势逐渐清晰：

（1）医保双通道机制[①]催化专业药房分化，具备临床服务能力的DTP网点将成为处方流转的核心节点。

（2）银发经济[②]推动健康管理从商品消费转向全生命周期服务，基于物联网的居家药学监护可能创造千亿级增量市场。

（3）人工智能从辅助工具进化为决策伙伴，大语言模型在用药指导、疾病筛查等场景的渗透率有望在2028年突破40%。

这场持续20多年，最近10年尤其深刻的变革启示我们：医药零售的终极战场不在价格标签上，而在健康价值的不断重构中。唯有将技术创新深植于医学逻辑，让数据资产服务精准健康干预，方能在未来十年打造穿越周期的生存样本。行业正从"渠道革命"迈向"健康新基建"的深水区，这场关乎国民健康福祉的进阶，需要从业者以更大的战略定力与专业敬畏共同作答。

站在时代的洪流里，不进则退，唯有搏浪而行。与诸君共勉。

（齐丽系杭州九洲大药房连锁有限公司董事长）

---

[①] 利用定点医疗机构和定点零售药店这两个渠道，解决谈判药品、慢性病用药在供应保障和临床使用等方面的合理需求，并使相关费用能够同步享受医保报销的制度。
[②] 指向老年人提供产品或服务，以及为老龄阶段做准备等一系列经济活动的总和。

# 目 录
CONTENT

## Part 01 业态类型

DTP 药房模式：先行者经验、运营机制与政策视角下的发展……………3
药房 O2O 模式：开新路？还是启内卷？……………………………………18
大中元药房慢病管理模式创新突围………………………………………………34

## Part 02 数字技术

探索医药连锁行业会员管理新模式………………………………………………47
药房 AI 中医咨询模式探新路………………………………………………………59
数字采购新模式：以江苏百佳惠瑞丰大药房和淮南天平大药房为例
………………………………………………………………………………………75

## Part 03 品类营销

海王星辰的品类创新………………………………………………………………89
"自有品牌 + 直供专销"：恒昌医药的贴牌创新实践……………………103
小鹿 e 站：以美丽健康品类创新探未来………………………………………114
药房经典名方销售模式创新……………………………………………………132
定制美丽：德生堂药房开启科技美学新生态…………………………………144

"黄芪精药房"：康缘营销模式创新解读 …………………………… 161

## Part 04 专业服务

专业培训模式：漱玉系业绩增长的驱动力 …………………… 175
药房骨健康服务新模式 ………………………………………… 188
"诊所＋药房"：新模式引领医药零售变革 …………………… 201

## Part 05 跨境实践

大树药局人力资源管理模式创新 ……………………………… 217
屈臣氏：创新服务模式寻突破 ………………………………… 230
迈出药房跨境医药电商第一步 ………………………………… 244

## Part 06 党建/公益

神农集团：党建引领企业经营管理开新局 …………………… 255
爱心飞翔：开创药房公益活动新范式 ………………………… 271

## 后　记 ……………………………………………………………… 285

PART
01

# 业态类型

# DTP 药房模式：

## 先行者经验、运营机制与政策视角下的发展

王桥通、郑海秀、杨传宝、曾筱雪、谷玉萍、邵正祥等

● **核心提示：**

在政策推动、慢性病（也称"慢病"）医药需求激增及科技赋能的背景下，DTP 药房市场规模近年来呈现高速增长趋势。数据显示，截至 2024 年年底，DTP 药房门店数量已增至 7 132 家，市场规模达到 750 亿元，近 5 年复合增长率为 20.9%，预计未来两年，市场规模有望突破千亿元。目前，国内 DTP 药房已形成一定的经营模式，在专业服务体系（执业药师、临床药师及医学顾问团队配备，医—药—患全病程管理关系建立，慈善援助、医保报销协助及药品冷链配送等增值服务提供，药师服务环境打造，围绕患者的智能化服务体系搭建等）运营方面，各知名 DTP 药房均在加强建设，以确保自身持续增长的竞争实力。

DTP 药房的兴起源于医疗体制改革（简称"医改"）政策，如今已经具备相当规模和实力的 DTP 药房业态类型，必将成为医药分开政策的坚定推行者。

## • DTP 药房的先行者

DTP 药房是在医药分开政策的背景下应运而生的。最近这些年，处方外流趋势渐显，为 DTP 药房登场铺就道路。

国药控股旗下的 DTP 药房，早期依托集团强大供应链，迅速捕捉特殊药品需求，与国内外处方药企业紧密合作，将抗肿瘤、抗罕见病等专科用药引入国内，其仓储物流体系高效运转，偏远地区与城市的患者皆能及时拿到新药。如某罕见病新药上市，国药控股率先行动，铺货迅速，联合药企开展援助项目，为患者减负，树立专业标杆形象。

华润医药紧跟步伐，布局独具匠心。它打造自有老字号品牌德信行，以旗下医院为核心，环绕布局 DTP 门店，门店选址精准，患者出院即可便捷购药。在华润医药主张的"医＋药"一站式服务生态系统里，药师与医生紧密协作，为患者定制个性化用药方案。曾有心脏疾病术后患者,不仅在华润医药 DTP 药房拿到精准调配的药物,药师还依医嘱持续对患者进行跟踪回访,贴心服务,助其康复。这一模式为品牌赢得口碑,推动业务扩张。

达嘉维康创立于湖南,扎根湖南本土区域,洞察患者痛点,尤其关注肿瘤患者需求。它与湖南本地药企深度联手,削减成本,让利患者;培育湖南本土药师团队,并融入人文关怀,为老年患者送药上门、指导用药。口碑相传,达嘉维康从一家门店成长为湖南领军企业,后向全国多地辐射,构建了扎实的运营体系,书写"逆袭传奇"。

江苏德轩堂的DTP药房缘起于2006年，董事长在美国考察时接触到DTP零售模式，次年力排众议，带领企业转型，投身该领域。2009年，国内医改，德轩堂作为首批民营企业崭露头角；2016年，德轩堂完成在江苏的布局；2018年，德轩堂走向全国，后又聚焦江苏；截至2024年年底，德轩堂在江苏布局14家DTP药房，年销售额突破12亿元，2022—2024年三年的年复合增长率约30%。此外，该企业还打造了首家年销售额突破2亿元的院外"双通道"药房。在经营模式上，德轩堂首创"1＋1＋1＝1"经营服务理念[①]，以患者为中心打造全生命周期服务，专业DTP药房在其中充当价值传递纽带；同时，企业利用信息化数据赋能，开发多系统，确保业务合规、高效，如建立患者电子档案，以精准服务患者。

---

① 在"1＋1＋1＝1"的生态体系中，第一个"1"代表工业企业，第二个"1"代表诊疗医生，第三个"1"代表DTP药房，第四个"1"代表患者及家属。专业DTP药房作为该生态体系的桥梁与纽带，发挥着关键作用。一方面，它助力诊疗医生向患者传递价值；另一方面，它为医生提供个性化服务，例如，协助医生进行患者管理，提升患者用药依从性。同时，DTP药房通过专业随访，系统收集患者用药情况、不良反应等信息，为医生开展学术研究提供数据支撑。

福建有药管家的 DTP 药房兴起于医药行业变革之际。当时中国医药市场规模持续扩大,零售药房新业态涌现,DTP 药房发展迅猛,数字化患者服务市场也快速增长,相关政策的出台更是为该企业的发展提供了有力支持。2020—2023 年,福建有药管家旗下先后成立多家公司,电商团队开始运营,门店销售额屡创新高,企业还开设了"药诊一体"店。截至 2023 年 12 月,福建有药管家已运营 36 家 DTP 药房,代理多种药品,业务覆盖多种疾病。企业服务众多患者,并荣获多项行业荣誉,营收呈快速增长态势。

这些先行者凭借对政策风向的把握与对患者需求的洞察，在 DTP 药房发展初期站稳脚跟，开启行业发展序章，为后续更多探索奠定基础。

## • DTP 药房的经营模式及运营

DTP 药房作为新兴力量，其经营模式与运营策略独具特色，兼具共性与个性，有力推动行业前行。

### （一）经营模式与运营策略共性

#### 1. 政策驱动

各 DTP 药房如机敏舵手，巧借医药分开、医保支付改革的东风。前者使处方外流，为 DTP 药房开辟业务航道提供便利；后者将药房纳入医保定点医院范畴，降低了患者成本，为 DTP 药房吸引客源。两者成为 DTP 药房业务增长双引擎。

#### 2. 供应链优化

国药控股凭借强大的集团实力通过全球供应链体系引进药品；华润医药依托旗下板块联动，以医院为依托，保障药品供应；达嘉维康立足本地，将业务拓展至全国；德轩堂筑牢本地渠道；福建有药管家借助互联网协同线上线下业务。各品牌之间虽路径有别，但都构建了稳定高效的药品供应体系，确保特殊药品能被及时送达患者处。

#### 3. 专业服务核心

专业药师团队是"标配"。药师肩负调配、审核与精准指导的重任，职责涵盖用法用量确认、联合用药、不良反应监测等，部分药房还会跟踪用药情况，或在工作中融入人文关怀，上门服务，为患者用药安全护航。

**4. 选址智慧**

各家 DTP 药房多靠近三甲医院，国药控股、华润医药、达嘉维康等品牌的药房依傍医院，方便患者复诊购药。福建有药管家的线下布局也倾向医疗资源富集区，以便兼顾线上线下购药的便捷性，精准触达消费者需求。

## （二）行业启示与意义

国药控股门店数与收入双飙升，华润德信行大药房在全国布局且各门店表现出彩，达嘉维康门店数与销售额上扬，德轩堂首创 DTP 药房"九大岗"、DTP 药房内部运营"七不准"等，全力确保 DTP 药房业务合规性、业务多样性和业务创新性。

以上代表性 DTP 药房取得的成就拓宽了行业边界，为市场注入动力。各 DTP 药房凭借专业服务、药品保障、公益活动树立品牌形象，吸引药企合作，推动行业规范化、专业化。这些药房成为连接药企与患者的纽带，为产业协同注入活力。

## （三）DTP 药房经营重点

各知名 DTP 药房目前正在以下几个方面加强竞争与合作：

（1）各药房与药企共建患者管理平台、共享用药数据，以优化药品研发与市场策略。

（2）各药房与医院合作，承接处方外流，参与医疗联合体建设，形成"医—药—患"闭环服务。

(3)各药房联合商业保险公司开发定制健康险产品,覆盖高值药品费用,提升患者支付能力。

(4)各药房探索按疗效付费、分期付款等创新支付模式,降低患者经济压力。

## • 从最新政策看 DTP 发展

当下医改持续深化,系列政策为 DTP 药房注入新动力。医药分开促使医院药房剥离销售职能;处方外流为 DTP 药房创造广阔空间;医保支付改革让更多 DTP 药房被纳入医保定点医院范畴,患者购药能报销,经济负担被减轻,进而刺激药房业务增长。

药企动作频频,阿斯利康在 DTP 领域积极布局。借助国药控股的 DTP 药房渠道与服务能力,其肿瘤创新药被快速推向市场。阿斯利康与国药控股在该药的销售上不仅重配送效率,更联合开展患者教育,详述用药方法与注意事项,提升患者依从性[1],让创新药惠及患者。

罗氏制药与华润医药的 DTP 药房携手发力,完成肿瘤患者管理闭环。华润医药的"医 + 药"一站式生态为患者提供全流程跟踪服务,罗氏制药借助华润药房的布局优势精准触达患者,利用双方沟通机制优化治疗方案,提升肿瘤患者的用药依从性。

2024 年 12 月 31 日,广西壮族自治区医疗保障局、广西壮族自治区卫生健康委员会和广西壮族自治区药品监督管理局联合发布了《自治区医保局 自治区卫生健康委 自治区药监局关于规范

---

[1] 指患者按照医生的建议和处方规定,正确使用药物的程度。

医保药品"双通道"和外配处方管理的通知》，这一通知意义重大。"双通道"药品范围包括了谈判药品[①]、特殊慢性病药品等，保障患者用药"双通道"畅通。该通知对定点零售药房严格要求，从医保资格、药师配备到冷链设施、药品储备量均细化规范，同时完善费用结算制度，使门诊与住院购药结算便捷化。

之后，各地政策频出，一方面持续扩大医保覆盖范围，让患者享受福利、降低就医成本；另一方面强化监管，从药房资质到处方流转，坚持全方位把控，保障药品供应与服务质量，为行业套上坚固铠甲，推动DTP药房朝规范化、专业化迈进。

- **几个行业关注重点与预测观点**

### （一）"双通道"药房与DTP药房

行业对"双通道"药房与DTP药房的关注聚焦于在"双通道"相关政策下，"双通道"药房与DTP药房如何优化药品供应流程，确保患者及时获取医保谈判药品，并保障快递准时送达；如何严格把控药房准入与监管，守护医保资源与患者权益；如何提升药师专业服务能力，为患者精准护航。

我们预测，未来两者将深度融合、拓展功能。在政策推动下，药房数量、覆盖范围与布局优化会便利患者。服务将向全病程管理延伸，包括建健康档案、跟踪用药、私人医生陪伴等。两者还会借

---

① 国家医疗保障局为了使那些在临床上必不可少，然而价格较高的专利药品以及具有独家性质的药品的价格降低，与相关的医药企业开展谈判和协商工作。当谈判取得成功后，这些药品会被纳入到国家医保乙类药品的范围当中，即谈判药品。

助大数据、物联网实现供应链追溯，提升效率、降低成本，让药品流通智能、透明。

## （二）互联网医疗

行业对互联网医疗的关注重点在平台合规性上，如何守护线上诊疗、电子处方与数据安全；如何提升远程医疗质量，解决信号、对接等技术问题，避免服务碎片化；如何推进医保支付政策以及互联网医疗普及。

我们预测，互联网医疗将迎来井喷式发展，市场与用户规模将膨胀，尤其在慢病管理等领域，互联网医疗将发光发热。技术创新会催生智能化诊断、个性化服务辅助医生决策。跨界合作将更加紧密，药房会联合保险、药企推出多元产品与服务，拓展业务边界。

## （三）产业互联网与 DTP 药房

行业关注产业互联网如何赋能 DTP 药房数字化转型，优化采购、库存、物流效率；如何整合各方资源，搭建信息桥梁，促进协同；如何通过数据直连和共享，为不同厂家建立模型，提升各家的数据服务能力。

我们预测，DTP 药房将借产业互联网构建高效供应链，精准协调采购与库存关系，降低风险。上下游合作会更紧密，催生新商业模式，如电商与 DTP 药房融合，为患者带来更多便利与创新。同时，服务模式也将不断被创新，并拓展至健康管理、远程医疗等领域，满足患者多样化需求。

## （四）医药分开进程与 DTP 药房

行业关注医药分开的推进速度、处方外流的阻力，及 DTP 药房承接能力的提升。

我们预测，随着医药分开深入发展，DTP 药房将成为处方外流主渠道，业务量井喷式发展。药房将加大对专业化、信息化发展的投入，吸引患者。药房将创新与医疗机构的合作模式，两者携手提升医药服务水平。

综上所述，DTP 药房在多因素推动下蓬勃发展，正重塑医药零售生态，未来可期。

（案例由王桥通、郑海秀、杨传宝、曾筱雪、谷玉萍、邵正祥等编写，刘建国、王毅清、霍佩琼、代航指导）

## 【谷玉萍联合创始人说】

福建有药管家从事DTP药房业务的时间不是很长，目前也只是在福建本省发展。我们在实践中有过一些探索和思考，供大家参考。

一是抓紧做政策驱动下的处方承接与渠道拓展，深化"双通道"政策协同，依托医保定点资质，加速与医疗机构处方流转系统对接，提升新的特效药（简称"新特药"）、高值药的院外可及性，例如，通过电子处方流转，实现处方实时审核与药品配送，形成"院内诊断＋院外取药＋用药管理"的闭环服务。此外，还要针对肿瘤患者长期用药需求，打造专科化服务能力，开展慢病与肿瘤领域布局，例如，建立乳腺肿瘤患者全病程管理中心，提供用药指导、不良反应监测及慈善援助、申请等服务，增强患者黏性。

二是加快专业化服务能力的升级与延伸。要培养专业药师团队，强化用药咨询、健康档案管理等核心能力，例如，通过专病认证体系提升药师服务水平，并建立标准化服务流程，确保患者用药安全与依从性。同时，也要大力拓展增值服务场景，增设诊所，承接部分治疗场景，例如，"药房＋诊所"的一体化服务能力，能有效解决患者往返医院的"痛点"。

三是数字化转型与全渠道融合。要构建"互联网＋"服务平台，通过中台系统整合线上线下资源,实现药品配送、康复咨询、复诊咨询的一体化。同时做好数据驱动精准运营,利用大数据分析患者用药行为与治疗效果,为药企提供真实的研究数据和患者招募、病例随访服务,优化库存管理与供应链效率。

四是处理好盈利模式创新与生态协同的关系。要洞察院边药房除药品外的消费需求,例如,部分药房可以实行"药品+院边器械"的品类服务策略,满足患者的多维需求,同时增加收入来源。要与药企深度合作,参与创新药上市前临床研究、上市后患者教育及慈善项目,形成"药品+服务+支付"的全周期服务生态,强化产业链协同功效。

(谷玉萍系福建有药管家科技有限公司联合创始人、副总裁)

# 【刘建国专家评点】

截至案例编写时,我国共有零售药房约70万家,药学服务能力和服务质量参差不齐,不能满足人民日益增长的健康需求和对药学服务的需求。DTP药房的出现让我们眼前一亮,除了常规药品供应服务外,DTP药房还可以提供药学服务、慢病管理、病人跟踪随访,以及通过互联网医院为病人提供个体化诊疗方案及全病程的管理,既有"专业服务",又有"温度服务",成功地实现了从销售药品到服务患者的转型。

随着医改工作的持续深入,医保 DRG[①]及 DIP[②]政策的不断深化,医院对药品管控力度会不断加强,药品持续外流趋势会不断加剧,这也为DTP药房的发展注入更大的动力,未来DTP药房发展可期。

非常高兴地看到国药控股、华润医药、达嘉维康、江苏德轩堂等公司已敏锐地捕捉到机会并及早布局,它们旗下的DTP药房已崭露头角,呈现良好发展态势。相信在医药分开政策推动下,

---

① Diagnosis-related groups,疾病诊断相关分组,一种先进的医保支付工具,主要依据多元因素,将临床特征与资源消耗相近的患者归入同一个组。
② Diagnosis-intervention packet,按病种分值付费,指依托大数据技术,以海量真实住院病例数据为基础,将每个诊断按照其治疗方式的不同进行细致分组,并赋予相应分值的方式。

DTP药房将会成为未来中国零售药房业态类型中发展较快的一种,而DTP药房经营模式的成熟与创新,也必将加快推动医药分开的历史进程。

[刘建国系中国医药物资协会常务副会长、华润复大医药(广东)有限公司总经理]

# 药房 O2O 模式：

## 开新路？还是启内卷？

陈洲华、王宁宁、李胜塔、马成伟、廖剑琨等

● 核心提示：

药房 O2O 模式虽然存在不少争论，但是其作为新渠道的功能却是行业共识。正如王燕雄指出：早期，药房 O2O 模式主要聚焦于药品的线上销售与线下配送，为消费者提供足不出户购买药品的便利，其发展的重心在于医药商品的充分供给和优惠价格。但如今，药房 O2O 模式早已突破了单纯的购药渠道和低价范畴，演变为一个涵盖健康咨询、诊疗服务、药品销售、售后跟踪等全产业链的综合服务体系。

从当下的发展情况来看，药房 O2O 模式展现出诸多显著优势。在提升患者体验方面，线上平台让患者能够便捷地查询药品信息、比较价格，并通过线上问诊获取专业建议，再结合线下门店的快速配送或自提服务，极大地节省时间与精力。对药企而言，O2O 模式拓宽了销售渠道，企业借助大数据分析能够更精准地洞察消费者需求，优化产品布局与营销策略。连锁药房通过线上线下融合，实现了库存共享、精准营销，提升了运营效率与盈利能力。

因此，包括陈洲华在内的一批 O2O 模式创立者，都坚定地认为该

模式必须按照回归零售本质及企业管理的理性这一方向去做。各个平台的发展当然有其自身的立场：自营模式、流量变现、追求平台利益最大化都是必然的，也有部分现象是一些职业经理人追求自身短期利益而导致的。对此，我们不必抱怨，更无需因为个人喜好而轻易否定某一渠道的发展。我们更应该从自身企业经营环境出发，从建立企业的初心、社会经济发展的趋势、消费者需求的变化出发，通过扎实提升企业经营管理水平把握行业变化趋势、抓住新兴渠道发展红利，才能够让自己从激烈的行业竞争中活下去，并活得更好。

## • 药房 O2O 模式创立过程

药房 O2O 模式的发展历程,是一部传统医药零售行业与新兴互联网技术深度融合的变革史。

### (一)初创尝试阶段:2010—2017 年

在这一阶段以叮当快药为代表的医药电商企业率先入局。它们通过自建 App 平台,组建自有配送队伍,在线上销售非处方药(over the counter drug,OTC 药)及大健康产品。这一时期,商品类别从最初的基础药品,逐渐拓展到以保健品、医疗器械等为代表的大健康领域。2015 年,京东到家为行业带来新的突破,通过与城市连锁药房合作设立履约点,并利用达达秒送配送,京东到家实现了"网订店取"的 OTC 药品即时销售模式。北京叮当和成都泉源堂抓住这一机遇,成功实现医药电商转型,在当地市场迅速崛起,并以城市为中心进行 O2O 模式蜂窝热点布局,开始快速扩张。

### (二)高速发展阶段:2018—2022 年

外卖巨头饿了么和美团强势进入医药品类,凭借强大的平台流量和城市开拓能力,迅速将服务覆盖全国超 400 个城市,接入超 20 万家药房。美团于 2019 年试点 O2O 模式处方药销售,2022 年开通线上医保支付试点,销售总额逐年翻番,到 2022 年年底突破 300 亿元。这一阶段的特点是大型连锁药房纷纷入局,凭借强大的门店网络及供应链能力，迅速占据平台销售额前十名，这些品牌的销售额占总销售额的 50%以上；同时，大城市的药房 O2O 发展更为迅速，销售额排在前三十的城市，其销售总额占全国总额的百分比高达 70%。例如，海王星辰利用其全国一、二线城市门店的布局优势，快速适应 O2O 模式，通过线上第三方平台拓展销售渠道，销售额大幅增长；老百姓大药房则通过优化商品结构和激活自营会员平台，在 O2O 模式平台上也取得了优异成绩，进一步巩固了其在行业内的地位。

有不少中小型连锁药房看清这一市场变局，及时介入，在 O2O 模式方面赢得发展。哈尔滨伟德医药连锁有限公司董事长马成伟回忆道：早在 2018 年之前，公司敏锐捕捉到行业风向，毅然踏入蓬勃发展的 O2O 模式市场。当百度外卖逐渐退出 O2O 模式市场，药品 O2O 领域进入了美团与饿了么的双雄争霸时代。起初，两者在市场占有率上难分伯仲，但随着时间的推移，两者的市场份额逐渐拉开差距。从最初饿了么占据 70%、美团仅占 30%，到如今美团以 80%的高份额遥遥领先，饿了么仅占 20%，这背后的原因值得深入探究。马成伟认为，美团成功的关键在于精准的市场定位和先进的经营理念。美团坚定地深耕手机端 App 开发，不断优化前端顾客体验，将其做到极致，在这一方面远远超越了饿了么。同时，美团在商家后台 PC 端应用的设计上也独具匠心，数据呈现清晰合理，堪称电商销售后台的典范。时至今日，美团手机端后台已基本能实现 PC 端的所有需求，进一步巩固了美团在市场中的优势地位。

## （三）生态恶化阶段：2023 年前后

美团买药在占据 80%市场份额后，推行"卷"生态。伟德医药等众多连锁药房深受其害,商家被迫进行各种补贴,陷入价格战,利润空间被严重压缩。平台随意修改搜索权重,优先展示低价商品及新店,打压头部关键客户(key account,KA),使头部连锁药房在平台上的流量和销量受到冲击。美团通过自营药房引进快递店模式,在全国范围内扰乱了价格体系,破坏了原有的工商零体系[①],甚至还举报了行业联盟。同时,美团推出的24小时门店、下沉市场等方针,不顾商家亏损,导致药房O2O模式经营陷入困境。如今,O2O模式药房的第三方平台经营已逐渐失去吸引力,大KA对其不再重视,中小型连锁药房基本亏损,工业企业无法维持价格稳定,串货的现象频发。行业被迫进入"应付式经营"状态,或者纷纷寻求公域转私域渠道的发展模式。

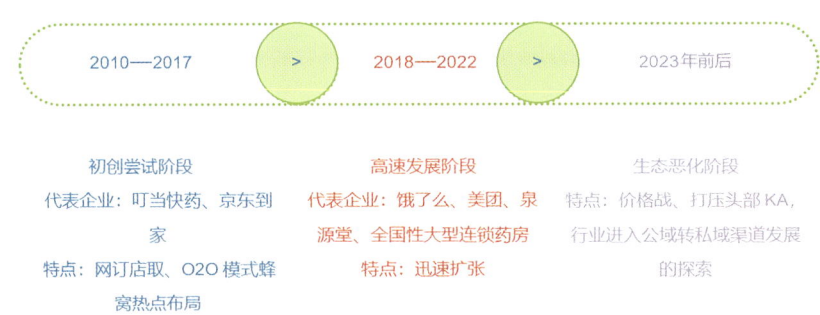

在平台引导下,加入"O2O阵营"的药房,大大小小,都无一例外被卷入价格战,国内一、二线城市成为O2O药房价格战的主战场。2021年以后,正当O2O药房头部企业海王星辰、叮当快药、泉源堂和上海本土药房,如上海益丰大药房、上海国大药房、上海第一医药等准备在上海O2O市场展开激烈竞争时,上海医药商业行

---

① 工业企业、商业企业和零售终端(药店)三者之间相互关联、相互作用所形成的一个有机整体。

业协会向全市药品零售企业及时发出《关于加强遵守药品销售价格法规倡议书》，从药品定价、降价促销、广告宣传三方面规范市场价格行为。上海 51 家零售连锁药房迅速响应，原本一触即发的上海市场价格战趋于缓和。

在这一阶段到来前，时任海王星辰总裁的张英男在接受"第一药店财智"采访时表示，海王星辰并不惧怕 O2O 领域的价格战，相反，公司早就做好了将公域流量转为私域流量的准备[①]。无论是海王星辰公众号、小程序、企业微信号矩阵的建设，还是与三九企业集团等药企探索数字化，锁定垂直病种用户进行深度运营，海王星辰都会在 O2O 领域不断深耕自己的私域流量。

## • 药房 O2O 模式运营

在药房 O2O 模式运营中，多个关键模块相互关联，共同影响着运营的成效。本文接下来将从几个关键运营模块阐述，帮助读者进一步了解 O2O 这个新兴模式的本质。

### （一）平台流量入口至关重要

O2O 模式平台 70% 的流量来自用户搜索。药房需要优化店铺在美团、饿了么等平台的页面，提高店铺评分和好评率，以提升搜索排名，吸引更多流量。同时，利用竞价排名、首页推荐等平台推广工具，药房可以增加自身曝光度。O2O 药房的"搜索竞争"已从单

---

① 吴尚荣. 海王星辰的转型升级之路[EB/OL].(2021-08-19)[2025-01-15]. https://ishare.ifeng.com/c/s/v002fVypCfby1h9vR1ASu49OuQay3nhhjM--nMg0A4-_hLTdc.

纯的关键词优化，升级为"商品力＋服务力＋数据力"的综合比拼。为在未来的市场竞争中存活，药房需做到以下三点：

（1）药房要深度理解平台规则，将算法逻辑转化为可执行的运营动作。

（2）药房要注重以用户为中心的购物体验，通过提供专业服务（如打造药师个人IP）提升品牌认知。

（3）药房应注重公私域联动，以防御风险，要降低对单一平台流量的依赖，构建全域健康生态。

总体而言，药房O2O模式的运营策略需要从"流量博弈"转向"生态运营"。

## （二）引流商品变化显著

早期，药房多以常用低价商品（如一分钱的感冒灵、红牛等）吸引顾客。随着竞争加剧，药房的商品范围逐渐拓展到高毛利的保健品和医疗器械等领域。药房的商品结构也在不断调整，增加了适合线上销售的商品种类，如"急、懒、私、夜"相关品类（例如，男科药品、妇科药品、感冒咳嗽药、肠胃药等）。同时，药房还根据不同地区、不同时段的消费需求，做好最优的商品组合。总体而言，药房在依据不同的渠道特性对商品策略进行调整。

## （三）人才结构不断优化

药房O2O模式团队从最初简单的线上订单处理人员，发展为包括运营专员、数据分析员、客服专员等在内的专业团队。运营专员负责平台活动的策划与执行；数据分析员通过分析销售数据，为商品选品、定价提供依据；客服专员则及时处理顾客咨询与投诉，提升顾客满意度。同时，团队的考核机制也与传统药房岗位的绩效提成制有非常大的区别，除了常规的业绩毛利率绩效，还出现了客单价、复购率、店铺评分等O2O模式特色的考核指标。

## （四）IT系统改造支撑O2O模式运营

药房需要建立与平台对接的信息系统，实现订单、库存、会员等数据的实时同步，提高运营效率。其中，数字运营分析系统尤为重要，该系统看起来只能实现订单履约，实际上是运营、商品乃至盈利的核心大脑，一切决策都应基于数据，由数据驱动。O2O模式给药房数字化带来的最重要的改变是即时性的强化，如库存管理和销售统计的实时更新等，这不仅提升了整体效率，也给组织结构提出了更高的要求。

## （五）供应链改造让运营提效

药房需要加强与供应商的合作，优化库存管理，确保商品的及时供应，同时建立快速配送体系，提高配送效率。柔性供应链是O2O模式运营带给药房数字化改造最直接的变化。通过数据监控与预测药品销售周期，减少供应链层层提报流程，药房面对疾病流行的不确定性可以提前精准备货，实现销售高峰和库存的更好匹配。

## （六）蜂窝店选址与运营需综合考虑

不是所有的传统门店都需要发展成O2O模式店，药房要综合考虑周边线上消费人口密度、消费能力、竞争对手分布等因素，选择最佳位置，以降低配送成本，提高服务质量。

商家与平台之间应寻求平衡点。药房与美团、饿了么等平台的互动始终伴随着博弈。药房在与平台协作时，既需利用平台的流量来增加销售，又要在补贴、佣金等方面争取公平的权益。举例来说，一些连锁药房通过与平台的战略合作谈判，争取到更优惠的合作条款，同时通过增强自身的运营能力，减少对平台补贴的依赖，在价格与价值之间寻找到适合自己的平衡。

老百姓大药房负责新零售业务的王宁宁对O2O模式运营非常熟悉。他介绍，老百姓大药房自2017年年底布局O2O即时配送业务以来，一直试图通过不同方式实现运营迭代：流量入口初期以平台门店列表为主，老百姓大药房以基础建设为核心，通过在线上平台不断建店、上架商品及竞价推广等基础方式营销推广，并进行多平台入驻，拓宽流量入口。流量入口向用户搜索转移后，老百姓大药房的重心从基础建设转向精细化运营，包括智能履约建设、重点门店运营、商圈精细化运营、24小时门店建设、O2O模式专属品类运营、全渠道联合运营等，实现平台流量的承接。

2020年起，新零售组织构建新零售人才管理体系，老百姓大药房基于新零售人才画像完善"招、选、育、留"机制，强化专业团队储备，保证组织架构和人才培养与新零售发展规模的适配。

随着近几年AI的兴起，老百姓大药房开始尝试数智化运营：选品、选（建）店、日常运营等环节均通过大数据决策，以AI自动化软件辅助运营。

### ● 药房 O2O 模式开启了内卷乱象吗？

我们认为，当前药房 O2O 模式确实存在一系列内卷乱象。

（1）平台强迫商家进行各种补贴，价格战不断。美团等平台要求商家参与各种满减、折扣活动，商家为了获取流量和订单，不得不降低利润进行补贴。如某知名连锁药房在平台的要求下，长期进行大幅度的满减活动，虽然销量有所提升，但利润却大幅下滑，甚至出现亏损。

（2）平台随意修改搜索权重引流至低价商品及新店，打压头部 KA。平台频繁调整搜索算法，使头部连锁药房的店铺排名不稳定，一些新店或低价商品更容易获得高排名。某头部连锁药房发现，在平台修改搜索权重后，其店铺流量大幅下降，而一些新入驻的小药房，凭借低价策略获得了更多曝光机会。

（3）美团自营与引进快递店的行为在全国范围内影响价格体系。美团自营药品以低价冲击市场，同时美团引进快递店参与药品配送，打破了原有区域的价格和配送体系。这导致市场价格混乱，药房之间的价格竞争更加激烈，企业难以维持药品价格稳定，串货现象频发。

（4）平台破坏工商零体系，阻断行业沟通渠道。平台的一些行为破坏了工业、商业、零售之间的合作关系，阻碍了行业信息交流。例如，某地区的药房行业联盟试图与平台谈判，维护正常零售价格，通过收取一定用户配送费用，争取合理权益，却遭到平台举报。

（5）平台推广 24 小时门店和下沉市场补贴，容易导致商家亏损。平台推出 24 小时营业门店、进军下沉市场等补贴措施，未充分考虑商家可能面临的亏损状况。一些平台大力推广 24 小时门店和下沉市场补贴，但在实际运营中，很多药房发现夜间订单量极少，维持 24 小时营业成本过高，而在下沉市场，由于顾客消费能力有限，配送成本高，商家难以盈利。

然而，针对上述问题也存在不同的观点。一些人认为，尽管竞争激烈，这种竞争态势实际上也激励了药房提升其运营能力和提高其服务质量。举例来说，部分药房通过改善供应链管理和提升运营效率，有效地应对了价格战带来的压力，并在激烈的市场竞争中崭露头角。

## • O2O 模式发展趋势与建议

观察当前的发展趋势，药房 O2O 模式展现出清晰的增长潜力。随着线上医保支付的实现和推广普及、消费者对线上购药的逐步适应、上游工业企业的积极加入，O2O 模式在零售市场的份额持续增长，其上升趋势似乎不可阻挡。预计在接下来的五年内，O2O 模式的店铺至少将占据 30%的零售市场份额。同时，多平台的参与发展有望优化市场生态。京东健康的即时零售和快速配送、抖音本地生活服务的到家和到店模式转变、微信私域生态的兴起，都为药房 O2O 模式的发展带来了新的机遇。传统工商零合作模式的提质增效，特别是上游工业企业的大量参与，将推动行业回归更加健康的运营生态。尽管这一过程中可能会出现大规模的店家淘汰现象，但这也将促进行业的整体优化和升级。

针对这些趋势，药房 O2O 模式的发展可以采纳以下建议。

首先，必须回归零售的核心，重塑价格与价值体系，稳固商品结构。鉴于不同商品适应不同的销售渠道，药房应依据自身定位及消费者需求，合理设定价格、优化商品组合，以提供具有高性价比的本地化商品。

其次，O2O 模式不应仅被视为销售渠道，它更是药房服务升级的体现。药房可利用线上平台提供在线问诊、用药指导、健康管理等增值服务，以提升顾客的购物体验。

最后，本案例编写组认为，药房 O2O 模式一定要回归消费者运营，构建私域流量。药房要通过建立会员体系、开展社群营销等手段，将公域流量转化为私域流量，增强顾客的忠诚度，以实现精准营销。这样，O2O 模式就能从"药品价格内卷"中脱颖而出，开拓新的增长空间。

（案例由陈洲华、王宁宁、李胜塔、马成伟、廖剑琨等编写，陈洲华、代航指导）

## 【王燕雄董事长说】

回顾药房 O2O 模式的发展历程，其诞生并非偶然。随着健康意识的提升，消费者对便捷获取药品与专业健康服务的需求日益迫切。与此同时，移动互联网技术的成熟与普及，为线上线下资源的整合提供了有力支撑。早期，药房 O2O 模式主要聚焦药品的线上销售与线下配送，为消费者提供足不出户购买药品的便利，发展的重心在于医药商品的充分供给和优惠价格。但如今，它早已突破了单纯的购药渠道和低价范畴，演变为一个涵盖健康咨询、诊疗服务、药品销售、售后跟踪等全产业链的综合服务体系。

从当下来看，药房 O2O 模式展现出诸多显著优势。在提升患者体验方面，线上平台让患者能够便捷地查询药品信息、比较价格，并通过线上问诊获取专业建议，结合线下门店的快速配送或自提服务，药房 O2O 模式极大地节省了消费者的时间与精力。对药企而言，O2O 模式拓宽了销售渠道，借助大数据分析，企业能够更精准地洞察消费者需求，优化产品布局与营销策略。连锁药房通过线上线下融合，实现了库存共享、精准营销，提升了运营效率与盈利能力。

当然，发展之路并非一帆风顺。O2O 模式在平台上高度依赖搜索，没有给品牌商更多的营销空间和资源，用户需求无法被挖掘，行业逐步陷入存量博弈，价格战成为主流，这造成平台挤压、用户体验一般、品牌投入少、商家难以获利的状况。此外，在线医疗和检测急需与平台的发展相融合，只有融合才能给用户更好的体验。

展望未来，药房O2O模式前景广阔。随着AI/互联网医疗的放开、快速检验的发展，平台给品牌商的营销资源会更多，更多创新服务模式将出现，相信O2O模式的发展会更加可持续，实现用户、平台、品牌、商家的多方共赢。

总之，在我看来，药房O2O模式才刚刚开始，未来大有可为，各方如何在O2O这个模式下做好分工，找到更好的生态位并充分发力，将决定医药零售未来的江湖地位。未来医药零售行业，无论平台、品牌还是商家，若不能做好O2O模式，处境将会日益艰难。

（王燕雄系广东莲藕健康科技有限公司董事长）

## 【陈洲华专家评点】

从化妆品到户外运动用品，再到如今的医药类目，我躬身入局，经历了电商模式从 B2C 到 O2O。近 20 年的变化，见证了很多行业电商渠道从试水到成为主流渠道的变迁。我从兴奋、踌躇满志到忧虑、呼吁规则再到如今从行业角度理性看待 O2O 模式的发展。今天我们写出这个案例，就是想认真地总结 O2O 模式的发展历程，梳理其模式。一方面，无论电商 B2C 还是 O2O，它们确实都代表了先进生产力，代表了用户需求的发展和升级，代表了零售行业数字化、信息化升级的趋势。但另一方面，2022 年以来的内卷，确实引发了很多的行业问题，特别对于已经严重过剩的线下药房来说，线下来客数下降，客单价下降，毛利率下降乃至亏损，这是如今大多数门店都面临的残酷现实。再随着国内经济发展的放缓，百姓消费意愿的下降，集采与医保管控加严，医药行业的利润泡沫被进一步挤压，医药零售行业也不可避免地进入改革的深水区。多数行业专家及市场调研都指出，全国超 70 万家零售药房至少要"团灭" 1/3，最终数量在 40 万~50 万家，连锁化率达 70%以上，才是行业比较健康的状态。

我个人比较认同这个观点。在以上种种发展背景下，O2O 模式的发展绝对不是"不做等死，做了就死"，而是必须做，必须按照回归零售本质及企业管理的理性这一方向做。各个平台发展当然有其自身的立场：自营、收割、追求平台利益最大化都是必然的。也有一些现象是职业经理人追求自身短期利益而导致的。我们不必抱怨，更无须因为个人喜好轻易否定了一个渠道的发展。我们更应该从自身企业经营环境出发：从建立企业的初心、从社会经济发展的趋势、从消费者需求的变化出发，扎扎实实从企业经营管理的提升抓住行业变化趋势，抓住新兴渠道，进而不断发展，才能够让自己在激烈的行业竞争当中活下去，活得更好。我们内部常常说的一句话是：剩者为王。

（陈洲华系中国医药物资协会研究院专家、成都泉源堂大药房连锁股份有限公司前CEO）

# 大中元药房慢病管理模式创新突围

吴彩珍、李梅、魏鹏程

● **核心提示：**

在北京康顾多管理咨询有限公司（简称"康顾多"）总经理张国芳、拜廷糖尿病药房有限公司（简称"拜廷"）董事长赵尔奎，以及一些外企高管长达20年的倡导与实践中，中国零售药房的慢病管理开始有了一些起色，糖尿病药房管理模式在类似河南大中元医药有限公司（简称"大中元"）这样的专科药房逐渐成型，不仅为当地慢性病患者的社会化管理积累了宝贵经验，还使这些药房在激烈的市场竞争中占据主动地位。但是，如果没有长时间的学习训练和系统运营，慢病管理想要取得一定的成效是不可能的。大中元药房董事长郑小伟在本案例的评说中回忆道：大中元首批十几名糖尿病专员历经系统培训，白天躬身实践，夜晚挑灯研读，构建起"症状—指标—用药—生活"四维评估体系。当行业平均糖尿病药物品类贡献率徘徊在3%~5%时，大中元实现销售占比10%、毛利占比10%双突破，验证了专业深度与商业价值的正相关定律。

此外，康顾多总经理张国芳还反复提到，慢病管理不是单纯销售产品，相反，它需要长期的专业服务支撑，服务做到家，销售成绩自然而然就有了。他还以自己的亲身实践举例,指出,慢病管理提升病患的服药依从度后,再加上提升慢病会员的健康管理重视度,采购金额自然就提升了。他辅导过的企业,在实施慢病管理之后,慢病会员的人均月消费金额为非慢病会员的 1.8~2.1 倍。因此,慢病管理不能以销售为导向,否则,会影响顾客满意度。做好专业服务,顾客采购金额自然提升。

- **设在大中元的拜廷教学培训基地**

2021年开始,国内的药房经营者前往河南许昌观摩胖东来及其医药超市。期间,拜廷糖尿病专业机构把自己的教学培训基地设在大中元药房。

作为许昌地区的龙头连锁药房,截至本案例编写时,大中元门店总数110家,设有糖尿病和骨病两个专科(区)。大中元2013年开始从事糖尿病业务,主要做管理,2020年开始做骨病项目,主要做服务,并在80多家门店配备专业的管理师和健康专员。糖尿病管理起步早,已经形成了一定的模式和稳定客群,至本案例编写时,大中元药房总共管理了47 646名糖尿病患者。目前大中元药房糖尿病会员平均综合贡献率为40%,个别门店综合贡献率达到60%以上,关联比为1∶2.9。

- **迈入慢病管理新赛道**

河南大中元医药有限公司2017年4月由阳光大药房、东盛大药房、好宜佳大药房三家连锁药房合并而成。2013年，阳光大药房与拜廷合作，开始做糖尿病管理，当时药房行业政策相对宽松，竞争也不似现在这般白热化，药房行业的经营还算容易，但公司掌舵人郑小伟高瞻远瞩，跟拜廷的赵尔奎接触了解到糖尿病项目后，下定决心重构服务思维，开展创新，走专业化道路。

大中元门店选拔了一批专业能力较强的员工进行学习，坚持"先服务后销售"原则，突破传统药房"销售导向"思维，建立"健康服务商"定位，将20～30分钟深度服务作为标准流程。大中元主张先了解顾客信息（包括血糖、饮食、运动、用药、家族史等全面信息）、建档、宣传教育、画血糖谱，为后期的服务和管理打基础。而在行业普遍追求短期业绩时，这种接待方式已经能在这20～30分钟内接待4～5个顾客并获得不错的业绩。店长和运营部门都有业绩压力，不能即刻产生销售的问题出现后，各种反对的声音出来了。但郑小伟始终坚信医药零售行业的本质是解决顾客健康问题，形成可持续的"信任—依赖—复购"商业闭环。专业化是医药零售行业必须要走的路，2013年和2014年两年内，大中元先后两次启动糖尿病项目，一直坚持到现在。

2020年，为尝试拓宽慢病管理病种，郑小伟决定，将业务拓展至骨病项目领域。

## ● 糖尿病项目重管理，骨病项目重服务

糖尿病项目通过测（无痛测血糖）、档（一人一建档）、管（专

业人员管理）、控（平稳控血糖）、防（防治并发症），实现患者生命周期管理，因为做得早、做得细、做得扎实，该项目形成了一定的模式，锁定了一批稳定的客群。数据显示，糖尿病会员综合贡献率达 40%，这验证了"服务价值转为商业价值"这一逻辑的正确。

值得分享的是大中元的糖尿病综合管理项目。据了解，72%的糖尿病患者同时患有心血管疾病，49%的糖尿病患者死于心血管疾病，因此，糖尿病患者的治疗不单单只包含降糖，还需要做降脂、降压、抗凝等糖尿病并发症的综合管理治疗。在为患者降糖的过程中，要特别注意低血糖的发生，降糖药——万苏平®格列美脲片作为第三代磺脲类产品，可全面调节血糖三项指标，引发低血糖的风险低，多年来得到糖尿病患者的认可。在糖尿病综合管理的心血管风险降低中，新型降糖类（SGLT-2 类）药——万苏靖®恩格列净在降糖的同时也能保护心肾和减轻体重，让糖尿病患者多重获益。另外，众多糖尿病患者长期的血糖高值，导致糖尿病患者视网膜病变，可元®羟苯磺酸钙胶囊在改善糖尿病的视网膜病变中效果确切，也受到了糖尿病患者的支持与认可。

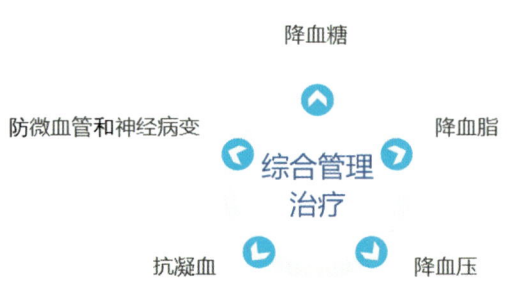

骨病项目以做服务为主,为平时有颈、肩、腰、腿疼痛的顾客免费提供按揉、刮痧、拔罐和烤电等服务,也迅速收获了口碑。截至案例编写时,大中元药房累计服务的顾客有89 928人。

一般说来,专业强就能卖药,但慢病管理不仅包括卖药,还要求药房必须具备顾客管理理念,树立服务顾客的思维。慢病管理要求药房真诚做服务,少一点套路,在服务过程中运用专业服务真正帮助顾客解决问题,而不是先考虑这个项目能给企业带来多少利润。先有服务才有销售,服务好,销售就会水到渠成。换言之,慢病管理的底层逻辑应该是利他思维,先考虑顾客感受、先帮助顾客解决问题。就像现在火遍全网的胖东来,其为什么这么受欢迎?因为它抓住了服务的本质,初心是"利他"(包括员工和顾客)。

在慢病管理服务项目落地实施过程中,专业服务和运营管理非常重要。这涉及人才的选拔培训和带教考核等一系列动作,只有导向明确,坚持不懈,才会有成果。除此之外,管理服务的场景设计也是非常重要的,要让患者走进来,从品牌形象感知到管理服务的内容,这需要各种服务设施、专业器材,以及慢病管理专员到位,提供顾客想要的服务。

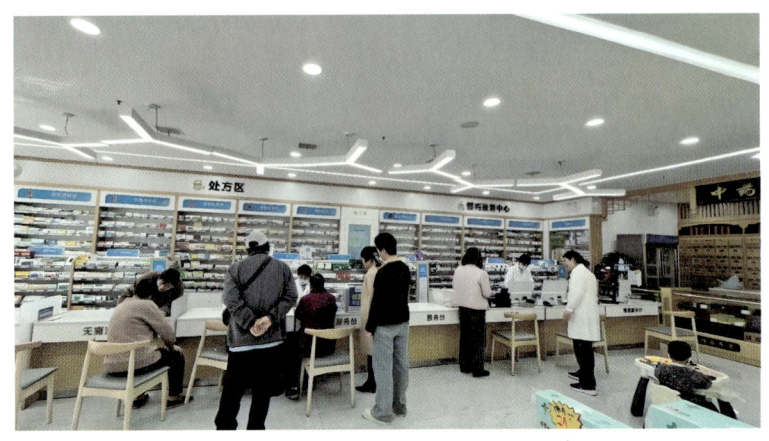

好的环境、好的待遇、好的商品、好的服务、好的售后,这些因素结合在一起才能吸引患者体验,吸引患者体验后愿意购买,购买后也放心。这样的模式能够提高人与人之间的信任,帮助企业形成可持续的"信任—依赖—复购"商业闭环。

• 慢病管理仍在路上

为什么必须做慢病管理?因为慢病患者是有连续用药需求的,是药房的核心客群,不来这家药房就会去其他家的药房。至于顾客为什么选择这家药房而不是那家,这是药房经营者必须要深入思考的问题。慢病管理其实很简单,就看药房想要什么,是短期收益还是长期发展。这是利益权衡的问题。其实,糖尿病管理的核心是依从性和并发症的管理。如果企业把慢病管理的目的设定为单纯提高销售额,那就错了。慢病管理的初衷应该是帮助顾客解决问题,让销售水到渠成。如果公司决定做慢病管理,并想长远发展,就不能杀鸡取卵,靠促销吸引顾客。想让顾客黏性提高,唯一的路径就是满足顾客需求，真正帮助顾客解决问题。

各企业必须好好问问自己：两个方案，一个主卖产品，注重的是当下的收入；一个主卖服务、卖方案，注重的是有温度的服务。两者之间，公司想要哪个，店长想要哪个？这非常重要。

慢病管理应该被放在公司的战略高度层面，而不是简单的部门战术层面，否则执行起来就容易半途而废。只有坚持到底、逢山开路、遇水架桥，药房经营者的初衷和目标才能够实现。

大中元的专业项目虽然做了许多年，标准化程度却不高，仍然有很大提升空间。但大中元始终坚信，只要比对手多做一步，就能更容易获得顾客的信任和认可。真诚待人、踏实做事，做好专业和服务，才是生存之道。

（案例由吴彩珍、李梅、魏鹏程编写，郑小伟、代航指导）

## 【郑小伟董事长说】

当一粒降糖药承载着顾客对美好生活的期盼，当一张血糖记录单记录着生命的顽强搏动，我们比任何时候都更清醒地认识到：医药行业的本质是生命的托付与责任的接力。大中元自创立之初，便以"专业筑基，服务铸魂"为双轮驱动，在糖尿病管理这片价值洼地中开辟出新航道。

面对行业对慢病管理的价值质疑，我们以"板凳坐得十年冷"的定力开启专业革命。首批十几名糖尿病专员历经系统培训，白天躬身实践，夜晚挑灯研读，构建起"症状—指标—用药—生活"四维评估体系。当行业平均糖尿病品类综合贡献率徘徊在3%～5%时，我们实现销售占比、毛利占比10%双突破，验证了专业深度与商业价值的正相关定律。

医药服务的真谛，在于将专业知识转化为生命的福祉。当我们的专员能读懂血糖曲线背后的焦虑，当药房空间变成传递健康希望的道场，专业便不再是冰冷的术语库，而是成为照亮生命旅程的温暖灯塔。向光而行，企业才能担当构建健康生命共同体的重任。

大中元人愿做健康长河的摆渡者，以专业为桨，以仁心为帆，护航万千家庭的健康旅程。这条路没有终点，因为我们相信：对生命的守护，永远值得全力以赴。

（郑小伟系河南大中元医药有限公司董事长）

## 【张国芳专家评点】

在公司掌舵人郑小伟高瞻远瞩之下,大中元在2013年与拜廷糖尿病生活馆合作,启动糖尿病慢病管理服务项目,坚持至今,超过10年,成果卓越稳定。我认为它的成功关键因素有以下三点:

(1)慢病管理项目对任何药房企业都是一个创新项目,必须被列在公司的战略层面,而非仅是部门的战术层面。但是,很多企业在实施慢病管理项目时,总经理并未积极参与,而是让慢病项目部单独去执行,造成慢病项目部与其他部门脱离,孤独作战,缺乏协作支持,最终失败。

(2)慢病管理必须以服务为导向,不能以销售为导向。在这一点上,大部分企业可能担心,慢病管理有成本,不以销售为目的,企业如何能盈利?这种思维是造成慢病管理失败的致命因素。事实上,不需担心,慢病管理提升病患的服药依从度和慢病会员的健康管理重视度后,采购金额自然就提升了。我辅导过的企业,在实施慢病管理之后,慢病会员的人均月消费金额为非慢病会员的1.8~2.1倍。因此,不能以销售为导向,否则,会伤害顾客满意度。做好专业服务,顾客采购金额自然提升。

(3)慢病管理项目的推动,除了培训慢病专员的专业知识、制定慢病专员绩效考核与激励制度、打造慢病管理专业人才团队之外,还要建立慢病管理的"连锁体系",明确与落实后勤各部门(营运部、会员管理部、人力资源部、市场营销部、商品采购部、计算机系统部等)的相关工作职责,这样才能营造慢病管理服务的店面氛围,综合慢病会员管理与会员营销,明确区经理在慢病管理中的角色,加强慢病管理品牌营销宣传和季节营销活动宣传,优化慢病管理数据管理与分析等,进一步争取工业厂商的支持合作等,大幅提升慢管理的成效。

对于大中元未来的慢病管理,我的建议有以下三点。

(1)除了培训慢病专员的医药专业知识之外,进一步培训慢病专员的药学服务技巧,包括病患沟通技巧、病患信任与关系建立技巧、病患管理改变与抗拒处理技巧、病患服药依从度与疗效管理技巧等,强化慢病专员的服务技能与顾客满意度。

(2)目前模式仅涉及糖尿病与骨病板块,属于慢性病的专科药房模式。在此稳固的基础上,未来的管理可以再延伸至慢性病的全科药房模式,两者并行,扩大慢病管理的服务层面,并且针对行动不便的病患,进一步提供居家照护以及养老院上门照护服务。在慢病管理服务上,提升竞争优势。

(3)继续打造、完善慢病管理的"连锁体系",深化慢病管理的数据管理与分析,强化品牌营销宣传,整合慢病会员回访与会员营销数据,将慢病管理与品类管理结合,争取工业厂商的支持合作,强化慢病管理的成效与竞争优势。

(张国芳系中国医药物资协会研究院资深专家顾问、

北京康顾多管理咨询有限公司前总经理)

PART
02

数字技术

# 探索医药连锁行业会员管理新模式

孙艳丽、耿军、何辉、孙久龙、刘舒荔等

● 核心提示：

纵观行业全局，会员管理体系建设一直是药房经营管理的一个重点和难点。西安怡康医药连锁有限责任公司（以下简称"怡康医药"）CEO田磊认为，医药连锁行业的会员管理，特别是对慢病会员的管理，一定要有行业特点。怡康医药选择在慢病会员服务和健康管理维度深耕，目前已形成新的模式，且新模式在实际应用过程中初见成效。

空军军医大学西京医院双剑博教授对怡康医药的会员管理新模式非常看好：对患者健康以及用药有效性的持续管理，一直以来也是医院医生非常关注和想要解决的问题。但在实际中，依靠院内的力量去做这样广范围的服务和管理，目前看，还是很有困难的。面对慢病会员这一特殊的、需要长周期服药的群体，通过院外连锁药房的管理体系，药房的从业者能有标准、有体系地帮助大量患者做健康管理，并在这个过程中做好监测管理提醒服务，这对于患者的健康管理是非常有意义的。

## • 寻找数字化会员管理标杆企业

国家统计局最新数据显示：我国60岁及以上老年人口为31 031万人，占总人口的 22%[①]。中华人民共和国国家卫生健康委员会（简称"卫健委"）预计，到2035年左右，60岁及以上老年人口将突破4亿，在总人口中占比将超过30%，社会将进入重度老龄化阶段[②]。随之而来的是慢性病患病率不断升高，近80%的60岁以上死亡人群死于慢性病。慢性病发病率高、病程长、有效控制率低，因此在治疗中，慢性病患者往往需要长期的健康管理，包括专业的用药指导、健康监测等。

同时，随着居民对健康管理观念的日益重视和消费需求的个性化发展，零售药房急需打破传统零售模式，大力发展"关系型"零售模式，积极参与消费者的健康管理，搭建完备的药学服务体系，确保患者的用药安全，切实满足消费者每一阶段的健康需求。

然而，药房行业普遍存在四大痛点。

（1）数据孤岛现象。会员信息分散，难以形成统一画像。

（2）服务割裂。传统模式以销售为导向，缺乏对健康管理的深度介入。

（3）管理粗放且缺乏批判体系。药房行业缺乏高效、精准的管

---

① 国家统计局. 王萍萍：人口总量降幅收窄 人口素质持续提升[EB/OL].(2025-01-17)[2025-02-15]. https://www.stats.gov.cn/xxgk/jd/sjjd2020/202501/t20250117_1958337.html.
② 金振娅，张晓华. 近十年我国老龄工作取得显著成效[N/OL].光明日报,(2022-09-21)[2025-02-15]. https://epaper.gmw.cn/gmrb/html/2022-09/21/nw.D110000gmrb_20220921_3-08.htm.

理方式和能够执行的评判体系。

（4）专业瓶颈明显。药师资源有限，难以覆盖海量慢性病用户需求。

在这样的背景下，怡康医药作为一家大型医药连锁企业，敏锐地察觉到传统医药零售模式的局限性以及患者对个性化健康管理的迫切需求，积极准备企业整体数字化转型的方案。

在寻找数字化会员管理标杆企业的过程中，怡康医药将目光放在了同样需要重会员服务，且已经靠"重度会员制"做到行业龙头位置的母婴企业孩子王上，其独创的"育儿顾问＋工程师"模式使每位育儿顾问可精细化运营、服务超1 000位会员，育儿顾问管理和运营的会员年产值最高可达2 000万元，这为怡康医药提供了可借鉴的案例范本。所以怡康医药最终选择了元数（孩子王的会员数字化服务商）作为数字化服务商，将"育儿顾问"逻辑升级为更加专业的"慢病顾问"逻辑，于2023年5月，以共创的形式率先走上了医药行业会员健康管理的数字化转型之路，构建药学服务与数字技术的融合生态。

## • 会员数字化

会员健康管理要求药房尽可能全面掌握会员的各项数据,第一时间察觉到会员的健康状况及用药需求并提供精准服务。传统的会员模式虽然也能够提供健康服务,但由于各门店数据不互通、会员数据散乱、数据更新不及时、会员权益不统一等问题,无法及时、精准挖掘用户需求,服务往往比较单一和滞后。因此,会员数字化是搭建会员健康管理体系的核心步骤。

通过会员数字化项目,怡康医药将用户数据再开发,实现了会员信息的统一管理和运营,解决了传统药房会员管理中数据孤岛、权益不统一等问题。为后续怡康医药发展线上线下融合服务模式打牢了地基。

数字化项目涉及用户端和运营端。

### (一)用户端:会员资产化,统一身份和权益

怡康医药通过建立会员中台,实现了全渠道会员的统一管理、数字资产的结构统一和会员交互界面的统一。会员可以随时随地查看自己的身份、等级等各种权益信息,可以通过手机应用随时查看自己的健康档案、积分情况、优惠活动等信息,还可以在线预约健康讲座或义诊活动。这种全方位的数字化服务提升了会员的满意度和忠诚度。

### (二)运营端:建标签,建立会员精细化运营体系

借助大数据开发平台和数据引擎,怡康医药接入并清洗了来自多个系统的用户属性数据和行为数据,企业可以对会员的健康状

况、用药记录、复购行为等深入分析，将会员更精细化地分群，对患者进行全病程乃至全生命周期的管理，从而为会员提供更加精准和个性化的服务，提升用户黏性。

目前，怡康医药已经搭建了若干个预置常用客群，随着会员数字化项目的推进，人群标签和客群在不断丰富和拓展。未来，会员精细化运营的颗粒度会更加精细，预计营销效率倍增。

## • 员工数字化

当会员数字化之后，怡康医药开始构建员工数字化体系，为员工提供全时段、全天候经营"用户关系"的平台和工具，让数字化工具武装每一个员工，覆盖引流获客、销售转化、维系促活、客户运营、业务复购的全生命周期，实现精准识别用户诉求，挖掘经营机会。员工数字化具体包括以下几方面。

### （一）实时在线服务

通过数字化工具赋能，员工可以实现会员健康咨询、用药指导、回访跟进等全流程在线处理，响应速度和服务覆盖率大大提升，为会员提供随时随地、实名、贴切的健康服务，这显著增强了用户黏性。

### （二）智能辅助决策

数字化系统可自动分析患者用药记录和健康数据，推送会员健康趋势预警，为药师提供实时用药建议、制定干预方案、推荐关联产品，进而减少人为疏漏。

## （三）精准营销

门店员工可以对会员消费行为进行全面跟踪，及时掌握购药情况。另外，怡康医药搭建了客户与员工的交互动态平台，员工可以轻松获知客户动向，不断完善客户的标签属性，实现个性化服务。例如，根据会员的慢性病用药记录，员工可以通过系统自动提醒会员按时复购药品，并提供定制化用药依从性管理方案。

数字化不仅意味着工具升级，更意味着医药行业服务模式的重构。通过用户、总部和门店三端协同的会员数字化运营体系和管理系统，怡康医药实现了会员健康管理智能化和精准化的升级，为行业应对老龄化与会员健康管理挑战提供了关键支撑。

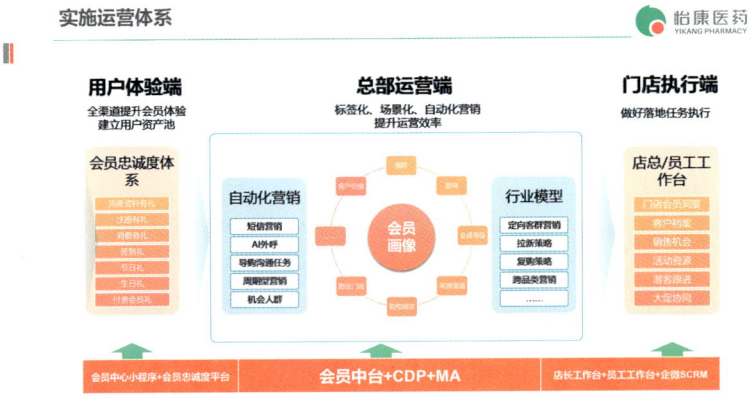

## • 数字会员群体分析与管理策略

### （一）精准定位：聚焦慢性病高值核心群体

怡康医药的会员健康管理服务体系非常聚焦慢性病患者这一

高净值核心群体。慢性病患者需要长期的健康管理，包括专业的用药指导、健康监测等，其治疗投入潜力和用药依从性提升空间巨大。

## （二）核心策略：构建全流程精细管理闭环

### 1. 升级"慢病顾问"服务模式

通过围绕慢性病患者精心规划精细、全面的在线运营目标，怡康医药搭建了以慢病档案管理为起点的服务链条。专业的慢病顾问为患者提供用药评估、并发症预防等 6 大模块服务，从用药适应性、疗效性、安全性、依从性全方位剖析，给予科学的用药指导，实现"人—病—症—药"对应的关联用药。

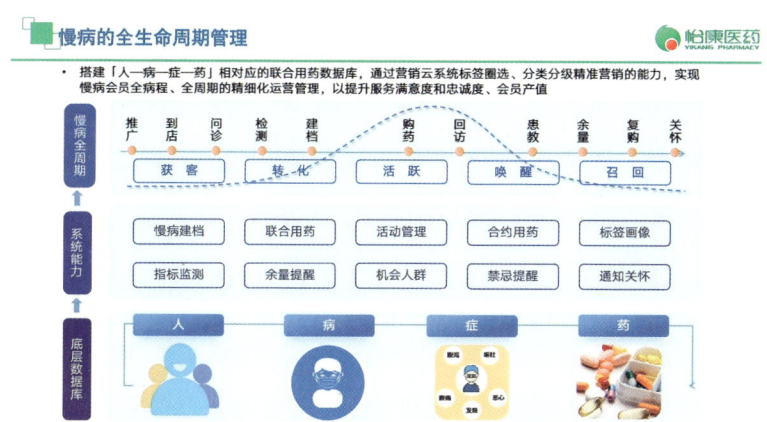

同时，借助大数据赋能，怡康医药完善 130 余个核心慢病标签，拓展 10 余个慢病运营场景，将重点疾病病症用药底层逻辑与指标检测体系融入智能系统，让慢病管理决策更智能、更精准，从而提升经营者的专业度。

### 2. 精细回访管理

通过梳理慢病回访场景，员工端依据不同回访场景及回访前、中、后不同阶段准备专属随访话术。药师主导回访流程，有序问好、介绍、沟通现状，聚焦血糖和血压的管控、用药体验等关键问题的解决，并依会员情况，灵活引导其到店或就医，巧用话术提升邀约成功率。

大模型依据反馈调整用药方案，更新会员标签，并依据标签重新对会员分类分级，灵活调控随访频率，持续提升回访精准度，有目标、有节奏地运营慢病会员，驱动慢病管理服务不断升级，提升会员的黏性。

怡康医药的会员健康管理服务体系在实施后取得了显著成效。在不确定的经营环境下，会员管理体系在业务层面发挥了决定性作用。在会员数据方面，怡康医药的会员数同比增长9%，复购率同比增长10%。精准维护的会员产值最高达到普通会员的17倍。

在慢病会员管理方面，通过慢病顾问服务，怡康医药的慢病会员消费能力为普通会员的近10倍，慢病会员的用药依从性得到了显著提升。在慢病会员的专业服务和管理层面，怡康医药联合了知名药企阿斯利康共建服务内容和体系，旨在学习、借鉴行业最优经验，为会员提供多元、专业的服务。亲自参与并指导怡康医药慢病会员管理体系建设的空军军医大学西京医院双剑博教授对此深有感触：对患者健康以及用药有效性的持续性管理，一直以来也是医院医生非常关注和想要解决的问题。但在实际的应用中，依靠院内的力量去做这样广范围的服务和管理，目前看，还是很有困难的。面对慢病会员这一特殊的、需要长周期服药的群体，通过院外连锁药房的管理体系，药房的从业者有标准、有体系地帮助大量患者做健康管理，并在这个过程中做好监测管理提醒服务，这对患者的健康管理是非常有意义的。

此外,怡康医药还通过公益活动,如公益义诊、小小店长体验营等,增强与社区的联系,提升品牌形象。

(案例由孙艳丽、耿军、何辉、孙久龙、刘舒荔等编写,卢向华、卜昕、双剑博、田磊、李白杨、耿军指导)

## 【田磊 CEO 说】

连锁药房发展到今天的阶段,核心竞争力是什么?或者说,我们为了改变现状,有更好的未来,应该做什么?作为从事大健康行业多年的行业老人,我们随时都在接收各种新的信息,但是,我们也深刻认识到,必须要回归本质,做好对患者的专业服务。外界各种因素的可控性不明朗,但可以确定的是企业发展的目标,例如,怡康医药的企业愿景是为千万家庭提供专业健康服务和幸福生活。基于这样的愿景,我们能做哪些实实在在的事情?

基于这样的思考,怡康医药选择在会员管理与服务维度深耕。纵观行业全局,最能代表行业水平的企业是什么?关于这个问题,我们内部经过激烈的讨论,最终选择联合没有医药行业经验,但是服务过其他行业,在会员管理做到顶级的服务商。这个决定对我来说也是比较艰难的,但我同样也很坚定。想要突破,就需要走不一样的路,这个观点一直伴随我左右。在会员管理搭建的初期,在团队组建和业务共建层面,我也是一边思考决策、一边学习的状态,当然,我也会有疑虑和不解。而当整个会员管理体系在业务端发挥实际作用时,我的感受是比较平和的。我知道,在解决问题的过程中,我们做的工作是扎实的,总结一下,有以下四点经验。

（1）注重项目战略定位。该项目为"一把手工程"，公司内部对这一点的认知是一致的。

（2）一把手要注意信任与授权的问题。在项目开启后，要做好决策，充分信任并授权给自己的团队（前提找到合适的团队或个人）和服务商团队。在过程中如有任何问题，作为一把手，要高效、快速辅助解决问题。

（3）一把手要做到过程管控，时刻复盘，纠正偏误，把控潜在风险和问题。

（4）一把手对落地结果要时时评判，建立鲜明奖惩的机制，号召内部全员向标杆学习，并对机会区域做对应提升计划。

项目战略的执行，最终落脚点是人，如何让一家企业内部人员的协作和调派发挥最大的价值？这是我一直学习和实践的方向。某种意义上讲，这是对"人"的管理，需要会员管理体系的底层逻辑加以支持。

总之，对用户的探索和专业服务是怡康医药持续不变的战略，我们也期待和更多同行一起探索，坚持初心，为患者做好专业服务。

（田磊系西安怡康医药连锁有限责任公司CEO）

## 【卢向华专家评点】

怡康医药的会员健康管理数字化案例，对医药零售企业如何以患者为中心、促进慢性病患者的精细化管理起到了重要的示范作用。随着中国老龄化进程的加速，慢性病已成为影响国民健康的主要问题。怡康医药通过与元数合作，构建了数字化会员管理体系，特别是针对慢性病患者的精细化服务，有效解决了传统药房在患者数据孤岛、服务割裂和专业瓶颈等方面的痛点。

这一模式可以有效地提升慢性病患者的用药依从性和健康管理水平，还通过大数据分析和智能辅助决策，为患者提供了个性化的用药指导和健康监测服务。这不仅有助于改善慢性病患者的生活质量，还减轻了医疗系统的负担。

此外，怡康医药基于这一数字化转型的能力，还可以通过公益活动来提升公众的健康意识，以进一步推动社会健康管理理念的普及。相信随着越来越多的药企推进以患者为中心的数字化转型模式，我国慢病管理的智能化和精准化可以被持续推进，从而有效地促进国民健康。

（卢向华系复旦大学管理学院教授）

# 药房 AI 中医咨询模式探新路

张华兵、刘舒荔、李国庆、黄宇翔等

● **核心提示：**

在医药分开政策深化与互联网医疗冲击的双重压力下，传统药房正面临前所未有的生存挑战。2020—2023 年，据不完全统计，药房非药品类毛利率从 32.4% 骤降至 19.8%，而顾客停留时长中位数仅为 5.2 分钟。

"低效接触—低频消费"的 2.0 药房生存模式随着人工智能时代的到来迎来了新的转型机会。AI 数字化转型背景下医药零售业态通过中医诊疗数字化、健康管理场景化、用户服务连续化三大核心机制，构建了"检测—干预—追踪"的闭环健康服务体系。深圳初芯堂创始人易根林认为，传统药房引进 AI 中医智能设备、构建 AI 中医咨询模式，迫在眉睫。

AI 中医领域专家李云博士反复强调，尤其要关注相关数据在药房的深度应用。常州金姆健康科技有限公司（简称"金姆"）这样的技术提供商通过将 AI 生成的健康报告与药房会员系统对接，能够帮助门店实现用户画像精细化，从而精准推荐中成药、保健品等高毛利品类。例如，系统识别出"阴虚体质"用户后，可自动关联"养阴清肺丸＋石斛含片＋草本足浴包"组合方案，并搭配节气养生建议，显著提升客单价与复购率。这种数据驱动的营销闭环，正是药房智能化转型的核心竞争力。

- 药房 AI 中医咨询上线

2025 年 2 月 21 日，广东韶关的爱心大药房在其公众号上发布一则 AI 中医咨询上线的消息，邀请广大市民到店免费体验。这家全国百强连锁药房，在本土有 300 多家直营门店，除了在韶关处于龙头地位，在清远、广州也有门店。这次主要在韶关地区门店布点的 AI 智慧中医检测仪，通过面诊、舌诊、脉诊三个步骤，可生成一份中医体质检测报告，为顾客提供个性化健康建议（如食疗、运动、中药、理疗等），防范潜在健康风险。

在爱心大药房核心区位，智能检测仪通过沉浸式体验场景，构建新型流量入口。相较于传统药房被动服务模式，该设备打造"AI

中医体验区"场景，吸引亚健康人群、慢性病患者及中医爱好者进店体验。门店同步开通线上预约系统，结合"免费脉诊+健康档案"服务，通过社群裂变实现精准获客，有效提升服务质量。

医葫芦自助式 AI 中医四诊仪（简称"四诊仪"）的供应商是深圳市初芯堂智慧中医智能科技有限公司（简称"初芯堂"）。这家公司已在深圳开办多家社区中医诊所，且在 AI 中医应用方面有多年的场景应用经验，对药房经营也有其独到见解。初芯堂把仪器称为中医四诊仪，主要原因是其具备以下四种功能。

## （一）望诊

仪器具备高清摄像头这一"火眼金睛"。用户在设备前拍照，上传照片，系统通过独特的 AI 算法智能匹配相关诊断信息，例如，肝开窍于目，通过观察眼睛特征，仪器判断肝经相关症候；肾开窍于耳，通过观察耳朵特征，仪器判断肾气是否充足。

## （二）舌诊

仪器通过高清摄像头拍摄用户舌部图片，分析舌部特征，系统智能匹配相关诊断信息，例如，通过齿痕舌判断用户心肺两虚，通过舌苔厚腻判断用户湿气重等。

## （三）问诊

仪器提供中医面对面服务，通过远程视频问诊形式，中医医师结合客户检测报告和问诊信息，提供更加专业和更具针对性的健康调理方案。

## （四）切诊

这是仪器的核心技术，仪器采用光学传感的"数字脉枕"，通过红外线光束捕捉指尖细微脉搏波，提取出脉象的波形图，对比老中医把脉结果，核查脉率、脉位、脉力等关键参数吻合度是否达到高度接近，最后通过系统后台独特的算法技术，分析被测者十二经络及脏腑相关问题。

通过四诊合一，后台进行大数据分析，将大数据库中几千种常见疾病或亚健康状态的波形图谱与前端收集的数据进行比对，最终精准地在报告中呈现出被测者身体存在的健康风险。报告涉及经络虚实、脏腑辨证、气血状况、湿气血瘀指数等中医指标，结合系统收录的数千个经典方剂与现代医学信息，给被测者提供一个针对当前身体状态的食疗、运动、中药、理疗等详细调理方案和指导建议。

爱心大药房目前使用的就是该四诊仪。它通过四诊合参[①]技术的数字化重构药房服务场景，助力药房进行 AI 智能化转型。其通过将中医辨症转化为可视化健康管理方案，驱动传统药房向健康服务枢纽转型。该设备集成智能望诊、舌诊、切诊、问诊四诊技术，通过语音交互技术与光学脉象捕捉系统完成信号采集，生成个性化中医体检报告，突破药房低质、低效、低频的服务和消费困境，提升客群渗透率与高毛利品类销售占比。在应对硬件稳定性、数据协同及人力适配等挑战中，借助四诊仪，药房形成"引流—转化—复购—增量"的闭环优化机制，既实现门店效益增长，又通过数字化传承

---

① 中医诊断学术语，即四诊并用。

中医诊疗智慧，推动社区健康管理体系建设，为医药零售智能化转型提供可复制的价值模型。

## • AI 智能咨询模式在多家药房落地

陕西振德的杨振田介绍，自 2019 年起，陕西振德便与四诊仪携手同行，见证了它从初代到最新版本的蜕变。初代版本虽仅具备基础脉诊功能，且只能单机使用，但已然为陕西振德开启了智能中医咨询的大门。

随着技术的飞速发展，如今的四诊仪与初代版本已不可同日而语。它不仅功能一应俱全，还深度融合了云技术与 AI 技术，实现了质的飞跃。在陕西振德，这一先进设备已被广泛应用于数十家门店，同时，应用场景还拓展到养生馆领域。针对高端用户，药房还引进了与仪器相关的便携式产品，采购数量累计超过 50 台。

江苏同正医药连锁公司的执行董事朱华林透露，在淮安，已有 10 余家药房使用深圳初芯堂的四诊仪长达一年有余。此外，还有 40 多家药房正准备引入这一创新设备。当下，四诊仪在新店开业引流、社区活动开展以及中医宣传讲堂等场景中发挥着举足轻重的作用。这款仪器操作极为便捷，用户获取健康报告只需手机微信扫码。该仪器不仅为会员体检指明了清晰的方向，还在药房大数据管理中扮演着关键角色。据不完全统计，自该仪器被投入使用以来，门店实现了约 20% 的客流量增量与复购率提升。不过，在实际使用过程中，四诊仪也存在一些有待改进的地方。例如，仪器偶尔会出现测不到脉搏的情况，需要反复检测。但幸运的是，店员们积极学习，熟练掌握使用技巧，一定程度上缓解了此类问题。与此同时，四诊仪也面临着市场竞争的挑战。目前，一些小程序，如健康拍、每日优检等，都加入了 AI 智能脉诊仪竞争赛道。

据了解，包括初芯堂在内的各种中医 AI 辅助诊疗系统相关公司，如问止中医（已向港交所递交上市招股书）、大经中医（通过协会平台大力进军中医馆和药房）、中医聪宝（多年耕耘在县域医院）等，其产品目前已开始规模化进入药房终端（包括基层医疗机构）、各大连锁药房公司总部和区域龙头企业（甚至包括香港屈臣氏等——参见本书屈臣氏案例），趁着 AI 中医热潮和全民进入中医保健新时代之际，各企业纷纷提前布局，抢占"用户心智"①。

在深入探寻数智中医领域方面，大经中医作为倡导者，正以其深厚的技术积累与产品底蕴，在行业中掀起波澜。截至案例编写时，大经中医已成功服务 30 多家标杆性三甲医院、700 多家其他等级医院，在"学习强国"平台上累计服务用户超 300 万，还让 1.2 万多家基层医疗机构及无数个人用户享受到数智技术带来的红利。2024 年，大经中医发展步伐加快，"智脑""智指""智目"的"三智"产品与"云诊疗""云药房""云商城"的"三云"服务备受瞩目，中医智能辅助诊疗系统、鹊堂羽坊项目等引起市场广泛关注。

在大经中医的发展进程中，其与陕西广济堂的合作尤为引人关注。从股权层面来看，广济堂入股大经中医，这一举措使双方从单纯的合作伙伴转变为紧密的利益共同体，为后续探索创新奠定了坚实基础。业务层面，"数智中医药服务联合体"的成立，让"智医"

---

① 抢占"用户心智"指品牌通过一系列营销手段和价值传递，在用户大脑中建立独特、清晰且牢固的认知标签，使其在产生相关需求时，第一时间联想到该品牌，并形成优先选择的行为惯性。

与"智药"融合迈向新高度，双方优势得以被充分发挥。陕西广济堂医药集团股份有限公司董事长陈国良在战略合作签约仪式上表示，数智化与 AI 化是医药产业发展的加速器，也是广济堂实现战略腾飞的关键助力。同时，广济堂的优质中药在大经中医产业化、体系化发展中，于供应链环节发挥着稳定器的重要作用。此次深度合作，有望推动数智中医行业迈向新的发展阶段，为行业发展注入新动力。

在广东韶关，加盟修正药业的来福药房积极引入前沿医疗科技，推动服务升级。2024 年，来福药房成功引入"老中医"AI 智能脉诊仪。该仪器投入使用后，成为了药房优化服务流程的关键一环。顾客进店，可先体验 AI 智能脉诊，仪器能够快速精准地扫描身体，为顾客后续与专业药师或中医医师的深入交流奠定基础。"老中医"AI 智能脉诊仪目前并不提供用药建议，在完成仪器检测后，经验丰富的老中医会依据传统中医的把脉诊断手法，结合仪器检测数据，对患者的身体状况进行综合评估，最终确定个性化的治疗方案。

尽管如此，AI 智能脉诊仪在慢病管理方面依然发挥着重要作用。它提供的数据为药师与患者的沟通提供了客观依据，助力药房与周边居民建立起长期稳定的慢病药事服务关系，极大地强化了客情关系，有效促进了营销转化与顾客复购。

药房的班医生表示，在实际使用过程中，部分体验者对仪器的精准度质疑。例如，有顾客发现，间隔半小时的两次检测结果存在差异，也有部分顾客带着怀疑的态度反复体验，试图确认仪器的可靠性。从专业角度分析，人体生理状态在短时间内会受多种因素影响，如情绪波动、饮食摄入、运动强度等，这些都可能导致检测结果出现细微变化。

总体而言，AI 智能脉诊仪的引入，为传统药房服务模式注入了新活力，其积极影响和推动作用是显著且持续的，未来有望在更多领域发挥更大价值。

## • 从"药品货架"到"健康管家"

从经营角度看，为什么药房要引入 AI 中医咨询模式？理由如下。

### （一）主动获客引流：科技赋能线下流量入口

AI 智能设备通过沉浸式体验场景构建新型流量入口。相较于传统药房的被动服务模式，此类设备通过"中医 AI 体验区"场景打造，吸引亚健康人群、慢性病患者及中医爱好者进店体验。门店同步开通线上预约系统，结合"免费脉诊＋健康档案"服务，通过社群裂变实现精准获客，有效提升服务半径内的客户触达效率。

### （二）转化出单：数据驱动的精准营销闭环

系统生成的个性化健康报告成为专业导购的数字化工具。店员可以推荐涵盖中成药、中药饮片、保健食品及医疗器械的多种解决方案。例如，针对阴虚体质顾客，系统推荐"养阴清肺丸＋石斛含片＋草本足浴包"的组合方案，并配合节气养生建议，将单次服务转化为持续健康管理方案。

## （三）引导复购：构建用户健康管理生态

设备通过会员系统建立健康数据追踪机制，基于季节变化、会员体质特征推送复检提醒与用药建议，促使会员多次进店检测。技术公司还针对慢性病群体开发用药周期管理功能，使慢性病及健康管理药品复购率有所提升。同时，药房依托 AI 生成的健康报告，引导顾客进行预防性健康消费，带动养生类、滋补品类等高毛利产品的销售额增长。

## （四）口碑传播扩增量：打造差异化品牌认知

AI 中医智能设备创造科技中医体验场景，形成天然的社交平台传播内容。体验者主动分享，帮助药房进行口碑传播。针对中老年群体中突出的信任建立难题，设备出具标准化报告，显著增强服务可信度，使体验者的推荐率显著提升。门店还定期举办健康检测活动，开展免费筛查，经过几个月的运营，配备设备的门店中医类产品销售额月增加 2~3 万元，成功塑造"智慧药房"这一品牌形象。

我们可以算一笔账：传统模式下，要培养合格的中医医师，每年单店成本就达数万元，且传统引流模式可能还局限于送鸡蛋、打折促销、会员积分等非主动性的模式。而 AI 中医智能设备能满足基础问诊需求，每家门店都相当于配备了一个永不疲倦的数字中医团队。四诊仪等智能设备不仅是技术工具，更是价值转换器——它将药房从商品交易场所，转变为健康问题解决方案的提供者，最终进化为社区健康生态的运营者。

老百姓大药房最近在投资者关系互动平台透露，公司正紧密关注智能医疗以及 AI 技术在零售药房、互联网医院等场景的应用。未来，老百姓大药房将持续深耕数智化领域，深度挖掘 AI 技术在供应链管理、合规经营、药事服务、降本增效等方面的融合与运用，将 AI 技术作为核心科技硬实力，全方位赋能公司"科技驱动的健康服务平台"战略落地，力求实现消费者满意度与企业效益的双重飞跃。在供应链管理板块，老百姓大药房将通过精准优化策略，重点聚焦仓库与门店的精细化运营，深入挖掘并打磨策略模型，有效提升供应链效率，降低运营成本，实现降本增效的目标。在前台运营方面，老百姓大药房将持续升级自研 App "百姓通"，不断迭代功能模块，优化"待办任务平台"，完善"薪酬计算器"与"巡店"工具，并进一步升级智能荐药系统。这些举措旨在充分激发门店员工的工作积极性，提升员工服务的专业度与效率，为消费者提供更优质的健康服务。

由此可见，药房引进 AI 中医智能设备不仅有助于其从"药品货架"转型到"健康管家"，还可能推动传统药房经营管理加快步入数字化、智能化阶段，跟上时代步伐，更好、更精准地服务大众健康。

## • 在广泛使用中寻求中医 AI 智能化改进路线

AI 中医智能设备在药房场景的规模化落地，既是技术创新与医疗服务的融合实践，也是人机协同模式的重构过程。从产品技术到运营体系，在实际推进中，AI 中医智能设备产生了一些痛点，并折射出智能化升级的复杂性。

## （一）硬件稳定性依赖网络信号

部分门店反馈，脉诊仪需通过 Wi-Fi 实时上传检测数据至云端进行分析，网络波动可能导致报告生成延迟，影响体验感。解决方案是为门店配备独立 Wi-Fi 系统或者优化 5G 信号，但目前门店的配置可能还不能完全保证该方案的实现，后期会逐步提升硬件服务，保证顾客的满意度。

## （二）对后台数据的深度学习和数据具象化在不断优化

传输到后台的数据如何与门店的用户体系深度对接，从而形成立体的数据库，并对体验者的状态进行画像，以便门店提升会员管理能力？关于这点，目前药房与技术公司还在不断优化和对接中。

## （三）部分店员的"替代焦虑"

部分店员对 AI 设备存在"替代焦虑"，这一问题将导致部分门店不能实现 AI 相关方案可持续落地，解决方案在于服务流程再造。传统药品销售只需店员配合顾客用 3～5 分钟，定点、定向地完成购买行为，而 AI 健康服务提供 15～20 分钟的专业沟通，并且能提供可持续的高质量服务，部分店员担心 AI 可能会替代自己，且重新学习新技能本身就需要打破个体传统的认知结构，这使店员对 AI 设备的负面情绪更严重。互联网时代到来时，有人拒绝网络营销，而 AI 时代到来时，也会有人排斥学习 AI 知识。对此，药房高层决策者的认知升级更为关键，高层需从"成本中心"思维转向"价值投资"思维，理解技术投入的长期溢出效应。具体措施包括：首先，可以加强相关培训力度,将中医知识模块化拆解,实时提供产品搭配建议。其次,改革绩效考核,将服务时长、用户复购等纳入激励指标等,促进店员的思想意识转变,并使其获得经济效益。

(案例由张华兵、刘舒荔、李国庆、黄宇翔等编写,易根林、李云、代航指导)

## 【易根林董事长说】

在医药分开政策深化与互联网医疗冲击的双重压力下,传统药房正面临前所未有的生存挑战。据不完全统计,2020—2023年,非药品类毛利率从32.4%骤降至19.8%,而顾客停留时长中位数仅为5.2分钟。"低效接触—低频消费"的2.0药房生存模式随着AI时代的到来迎来了新的转型机会。AI数字化转型背景下,医药零售业态的创新路径包括中医诊疗数字化、健康管理场景化、用户服务连续化三大核心机制,需构建起"检测—干预—追踪"的闭环健康服务体系。

正是基于这种认识,我们研发了医葫芦自助式AI中医四诊仪设备,实现了中医四诊合参的检测实践,不同于"成为专业医师的辅助工具"这一研发方向,医葫芦致力于研发一款面向广大消费者的智能中医检测工具,让每个客户都可以自我检测、关注自身健康,进而激发健康消费需求,为实现中医可视化、数字化、标准化和大众化提供有益的探索和尝试,目前四诊仪正在药房领域被大力推广和广泛应用。我们相信,在AI智能设备研发、制备、销售供应商的共同努力下,尤其是借助DeepSeek搅动全世界AI产业的这一风口,来自中国本土、凝聚中医药5 000年悠久文明的AI中医智能设备一定能在中国医药零售行业得到大力推广和广泛应用。

(易根林系深圳市初芯堂中医馆连锁有限公司执行董事)

## 【李云专家评点】

近年来,随着人工智能技术的迅猛发展,中医药行业正迎来前所未有的数智化转型机遇。作为深耕中医健康科技领域的从业者,金姆始终关注行业前沿动态,并与初芯堂等行业领先企业建立了深度合作。结合实践观察,我认为中医 AI 智能化、规模化落地,不仅是技术赋能产业的典范,更是推动传统药房向"社区健康管家"转型的核心引擎。

长期以来,传统药房面临"低频消费、低效服务"的困境,而 AI 中医智能设备的引入彻底打破了这一僵局。金姆作为医葫芦脉诊仪的合作伙伴,深度参与其硬件优化与数据系统对接。我们通过强化光学传感技术稳定性、优化云数据分析算法,助力设备实现更精准的脉象捕捉与体质识别。此外,金姆的本地化服务团队还为药房提供定制化培训方案,帮助店员快速掌握设备操作技巧,缓解"技术替代焦虑",推动"人机协同"模式落地。

初芯堂与金姆的合作,是场景应用与技术研发优势互补的典型案例。初芯堂在中医 AI 算法与大数据领域的积累,结合金姆在硬件集成与药房终端服务的经验,共同造就了"检测—干预—追踪"的闭环健康管理体系。这一模式不仅解决了药房引流难题,更通过会员健康档案与复购提醒功能,构建了用户长期健康管理生态。例如,针对慢性病患者，设备可定期推送用药建议与复检提醒，将单次服务转化为持续的健康消费。

在合作中，我们尤其关注数据的深度应用。通过将AI生成的健康报告与药房会员系统对接，金姆帮助门店实现用户画像精细化，从而向用户精准推荐中成药、保健品等高毛利品类。例如，系统识别出"阴虚体质"用户后，可自动关联"养阴清肺丸+石斛含片+草本足浴包"组合方案，并搭配节气养生建议，进而显著提升客单价与复购率。这种数据驱动的营销闭环，正是药房智能化转型的核心竞争力。

尽管AI中医智能设备前景广阔，但其规模化应用仍面临三大挑战：其一，硬件稳定性与网络依赖问题，这需要5G技术升级与本地化数据处理优化；其二，店员服务能力的匹配，药房店员需从"销售顾问"转向"健康顾问"，药房需通过模块化培训与绩效考核改革助店员实现转型；其三，用户信任度的持续积累，药房需结合线下活动、专家意见与长期数据追踪验证设备精准度。

展望未来，AI与中医的结合，绝非对传统的颠覆，而是对千年智慧的创新传承。作为行业参与者，金姆健康科技将继续携手初芯堂等合作伙伴，以技术为舟、以用户需求为舵，推动中医诊疗的数字化、普惠化。我们坚信，在政策支持、技术迭代与市场需求的共振下，AI中医智能化必将引领药房行业迈向"健康服务枢纽"的新时代，为亿万民众提供更高效、更精准的健康管理方案。

（李云系常州金姆健康科技有限公司总经理、
美国斯坦福大学材料学博士）

# 数字采购新模式：

## 以江苏百佳惠瑞丰大药房和淮南天平大药房为例

邹敏予、朱增智、何梦瑶

● 核心提示：

从药房的传统采购，到现在的数字采购，江苏百佳惠瑞丰大药房连锁有限公司（简称"百佳惠"）和淮南天平大药房连锁有限公司（简称"天平"）这两家区域强势连锁药房，是如何转型的呢？数字采购模式，到底能给药房带来什么样的改变呢？由药房采购环节开始，如果整个药房供应链进入数字化云体系，药房经营管理将会有什么样的变化呢？

行业数字技术应用专家李帆认为，百佳惠和天平引入数字采购系统"优E+"，成功开启了药房采购模式的数字化创新变革，为中小连锁药房数字化树立了优秀典范。当然，数字采购作为连锁药房供应链云体系的重要一环，它与其他环节的协同，包括自身系统的迭代升级，也涉及其在连锁药房的实际应用效果。数字采购新模式的推进值得供应链各环节密切配合、精诚合作、与时俱进。

## • 新模式的起点

崔洪鑫和谭杰，一个是百佳惠的老板，一个是成都搜搜电子商务有限公司（简称"搜搜"）的老板。2021年，他们在厦门大学的总裁班做同学。彼时，崔洪鑫总想在采购环节降低成本，而谭杰刚刚推出一款药房数字采购管理系统"优E+"，把连锁药房内部的采购流程和外部的供应商链接，形成采销在线协同，实现了采购全过程的在线化，使采购行为全程可追溯。两人一拍即合，从此，百佳惠用上了搜搜的"优E+"。

也就在那一年，搜搜营销中心的邹敏予总经理前往安徽淮南，找到天平的汤天白董事长，给他介绍"优E+"。二话不说，汤董当即签下合同，不到一个月就在内部开展培训，用起了"优E+"。

搜搜的数字化供应链采购技术经过六年多的打磨，在近四五年被高强度推广，目前，"优E+"在全国1000多家连锁药房被应用。据统计，"优E+"2024年在线订单额超过150亿元，每年为连锁药房降低采购成本约2个百分点，管理营业外收入（返利等）超过1亿元。

## • 药房经营苦于传统采购

零售药房的采购环节或部门，因能直接影响企业经营效益，所以十分重要。但是，如果采购不力、监管不力，或企业其他部门不予积极配合，采购的商品价格高、缺乏竞争力，就会影响企业竞争力和经营效益，严重的则会形成积压退货，给企业带来肉眼可见的显性利润损失。连锁药房一般经营 5 000~6 000 个品种，其供应商有 200~300 家，品种、价格、促销返利政策、供应商、采购人员各方面都变动频繁。连锁药房目前在采购管理上突出的问题有以下几个。

（1）如何真正做到货比三家？如何减少采购环节的各种失职和腐败问题？

（2）采购管理制度难落地，管理工具缺失。如何避免制度流于形式？

（3）采购人员工作效率低下，事务繁杂。如何提高采购人员工作效率？

（4）采购价格及供应商管理混乱。如何明明白白降低采购成本？

（5）采购人员的能力参差不齐。如何有效提高采购的专业性？

（6）合同及促销返利条款繁杂。如何管理好营业外收入？

要想解决上述问题，数字采购必不可少。药房经营苦于传统采购久矣，这实际上要求一个数字采购方案，让药房"从对采购人员道德的信任，转化成对工具和数据的信任"。

## • 数字采购基本模式

"优 E +"数字化采购系统是一种基于云计算及 AI 技术的现代供应链管理模式，它试图将供应链中的各个环节（包含企业外部的品牌商、配送商、物流商，和企业内部商品、采购、运营、质量、财务、仓储等）通过数字化的方式进行有机整合，实现供应链的在线数字化协同管理。

"优E+"数字采购系统实现了对采购全过程(新品管理、电子首营①、合同管理、在线询价、在线比价、高级审核、订单协同、在线对账、智能返利计算、返利兑现、返利任务进度、返利绩效分配、流向管理、一键入库等)的数字化管理,业务全过程可视化,行为可追溯,较好地解决了连锁药房采购管理制度的落地问题,基本实现了采购的阳光化、专业化,有效降低了采购成本,并切实提高了采购的工作效率。目前,"优E+"数字化采购系统经过六年多的建设,迭代了近300个版本,已经形成一套覆盖采购全流程的比较完整的采供企业间的数字化协同体系。

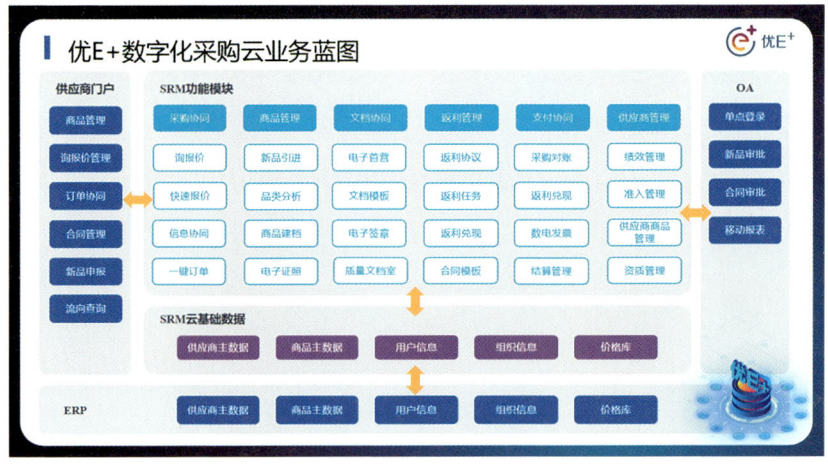

同时,"优E+"集成了短信、微信服务号、工商信息、药监信息、医保信息、AI对码、光学字符识别(optical character recognition,

---

① 利用电子化手段完成对首次购进的药品、医疗器械或供货单位相关资料的审核与管理过程。

OCR）、数电发票、数字证书认证中心（certificate authority，CA）电子签章、电子首营、AI建档、AI客服、物流快递等多方面的第三方数字化服务商，极大地提升了采供双方的工作效率。

"优E+"主要包括在线比价、智能合同及返利管理两个系统。

"优E+"在线比价系统如下：

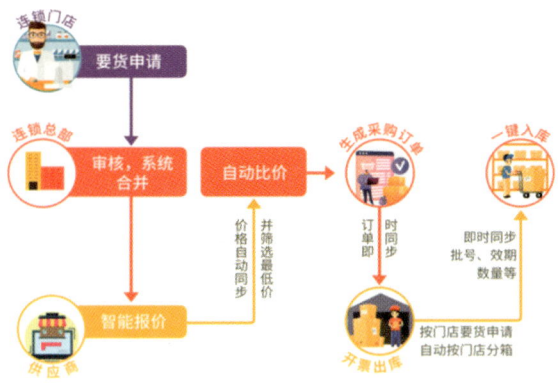

"优E+"智能合同及返利管理系统如下：

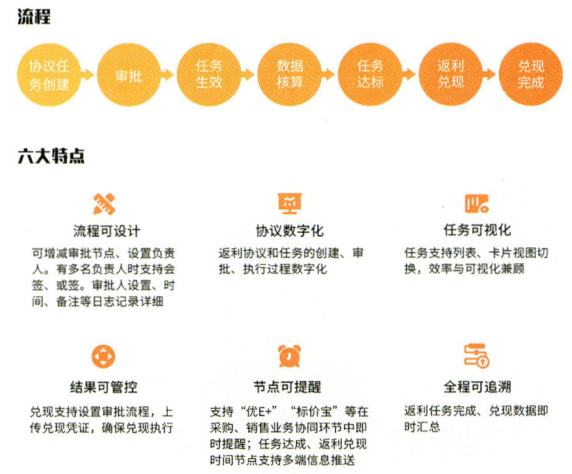

● 更上一层楼

在目前"优E+"系统条件下,面对像百佳惠这样设有商业公司开展批发配送业务、自己有工厂、有贴牌等业务的区域龙头连锁药房,"优E+"还需要针对复杂的业务场景提供更好的系统支撑。

据此,百佳惠董事长崔洪鑫认为,从纯连锁到"批连一体"的采购整合,一个产品需要多名采购专员在同一页面、同一时间同时操作系统,集合工业的供应链资源。他希望"优E+"尽快完成对更复杂场景的适应。

天平董事长汤天白也对未来"优E+"在药房的全面应用(包括供应链云采购各环节)充满期待。他说,希望"优E+"的返利系统在2025年能帮助公司实现以下目标:(1)返利系统支持运营决策。返利系统应能为公司运营提供数据支撑,帮助优化决策流程,提升效率。(2)加强与厂家的供需关系。通过返利系统,公司与厂家的合作将更加紧密,确保供需平衡,增强供应链的稳定性。

为实现这些目标,汤天白董事长还建议"优E+"对数据进行整合与分析,升级返利系统,集成数据分析功能,实时监控销售、库存等关键指标,提供精准的运营建议。特别是供应链协同方面,连锁药房要与厂家共享数据,优化库存管理和生产计划,减少供需波动。同时,数字技术提供方还要加强培训,确保系统被有效使用,且要与厂家保持定期沟通,及时调整合作策略。汤总相信,如果"优E+"能够通过进一步的技术迭代更好地满足连锁药房和厂家的现实需求,公司有望在2025年实现对返利系统的预期目标,推动业务增长。

谭杰对此回应,搜搜在2025年的重要产品方向有三个:第一,建设更适合商业采购业务场景的版本,最大限度架构商业精细化采购在各种业务上的逻辑,满足复杂场景的需求。第二,智能合同及返利系统除协助采购部门,还会进一步加强对运营的支撑,结合厂家促销政策和返利任务进度,希望能给连锁药房的运营部门提供数

据上的有力支持，为连锁药房创造更好的经济效益。第三，结合大数据，给连锁药房新品引进及品类规划提供更好的工具支撑。

（案例由邹敏予、朱增智、何梦瑶编写，谭杰、代航指导）

## 【谭杰董事长说】

数字化是现在和今后药房经营必须要面对和解决的问题。而在药房数字采购环节实现数字化，是这些年搜搜的使命担当。

从大的方面讲，数字化是时代潮流，无论是政策支持（国家鼓励医药行业数字化转型，出台了一系列政策支持医药电商、互联网医院等新业态发展，为连锁药房数字化采购创造了良好的政策环境）、技术进步（云计算、大数据、人工智能等技术的快速发展为连锁药房数字采购提供了强大的技术支撑）、市场需求（消费者对便捷、高效、安全的医药服务需求日益增长，推动连锁药房加快数字化转型步伐），都在催促现代药房的数字化转型。

从企业数字采购方面看，"优E＋"这样的数字采购系统具有非常明显的作用。在此，我就不再赘述了。

总而言之，数字化不是挂在嘴上的一个时髦词语，我们6年内近300个版本的迭代，说明这是刻在"优E＋"骨子里的信仰，同时也是一件很不容易的事情。我们深知，不管是技术提供方，还是药房应用方，都在不断改变，不断提出新的要求、作出新的回应。我们愿同大家一起努力，为提高整个医药行业的经营效率和经营质量，精益求精、变革创新。

（谭杰系成都搜搜电子商务有限公司董事长、"优E＋"品牌创始人）

## 【李帆专家评点】

医药零售行业发展的数字化浪潮中,供应链管理的优化是提升企业核心竞争力的要素之一。国内头部连锁药房品牌益丰、老百姓、大参林、一心堂、健之佳、漱玉平民早在 2010 年前就开始进行全国比价追差等工作,并投入大量经费与思爱普、用友、金蝶等合作,或自研 SRM 系统。百佳惠和天平引入数字采购系统"优 E +",成功开启了药房采购模式的数字化创新变革,为中小连锁药房数字化树立了优秀典范。

从实际应用成果来看,SRM 技术的优势十分显著。在成本控制与利润增长方面,精准的采购比价和高效的返利合同管理,为这两家药房实实在在地降低了采购成本,带来了丰厚的后台返利,有力地推动了企业经济效益的提升。原本采购环节中因信息不透明、监管不到位导致的成本虚高问题得到有效解决,利润增长有了坚实保障。

从运营管理角度看,SRM 技术极大地提升了药房在采购环节的风险控制能力与运营效率。采购细节和数据变得清晰可见,采购过程中的各种风险点得以被提前察觉并防范。这不仅提高了采购环节的透明度,还增强了企业对采购流程的把控能力,让企业运营更加稳健。数字化的采购模式也为药房快速形成数字化解决方案提供了便利，促进了各部门之间的高效协同，打破了以往部门间的信息壁垒，使药房运营更加流畅，工作效率大幅提升。

随着中国药房步入存量时代，零售药房的内卷、洗牌和迭代愈演愈烈。企业和门店数字化升级是中小连锁药房确保自己在未来市场格局中有一席之地的必由之路。数字化的内容包括但不限于商品采购、仓储物流、开发生产、市场营销、门店经营、顾客画像、员工团队、未成交顾客等。只有各环节真正协同起来，才能构建涵盖过店、进店、成交的成交漏斗和涵盖客单、销售、毛利率、毛利、费用、税金、利润的盈利模型。

数字化在药房的初步应用已经取得了令人瞩目的成绩，为医药零售行业的发展注入了新动力。本案例中的搜搜已经为约 1 000 家连锁药房提供数字采购技术服务，但如何持续有效维护和强化这些药房的数字采购能力，包括与供应链各环节的协同与延伸，充分满足用户需求，"优 E +" 应该还有不少工作需要加强和优化。

医药行业在数字化进程中要弯道超车，除了运用 ERP、CRM、SRM 来提质药房经营管理，药房还要关注对未成交顾客的数字化，将以商品为中心的传统经营模式转型为以满足客群需求为中心的零售新生态。由此观之，我们要做的确实还有很多，数字采购模式，还有其他任何模式，都需要不断迭代、不断提升，才能跟上时代前进的步伐。

（李帆系长沙分群大数据有限公司 CEO、原老百姓大药房连锁股份有限公司运营负责人、万店掌联合创始人）

PART
03

# 品类营销

# 海王星辰的品类创新

李霏霏、易文、薛娜、王萍、黄坚鑫等

● **核心提示：**

海王星辰一直是行业的一面旗帜。在扩展药房经营品类乃至业态调整方面，它的每一个动向都是风向标，尤其是在2016—2025年，该品牌通过推行海王优品，充分利用海王集团产业链、供应链优势，将全产业链要素创新配置，通过"大厂＋名店＋名品"的渠道品牌组合方式，以质优价平的极致性价比，提高终端自点率，扩大覆盖人群，增加消费频次，从而突破单品销售的天花板。自2024年10月，海王优品与海王星辰全面推动战略合作，通过全门店铺货、全员培训，以广大慢性病顾客的疾病关联需求为突破口，结合多轮次社区渗透扩大覆盖人群，在短短三个月内取得了阶段性的突破成果：既有样板门店的数据持续提升，又涌现出更多优秀门店和先进分部，整体日均销量实现十倍增长。

展望海王集团和海王星辰品类创新模式的未来，霍佩琼专家认为，从"药品零售商"到"健康平台"的发展趋势非常明显。张思民董事长坚信，无论市场环境如何变化，只要坚守品类创新的宗旨，让消费者通过海王集团和海王星辰的品类创新，能以更低的支出享受到更高品质的生活，这一品类创新模式就一定会越走越远、越走越稳。

- **品类创新之路**

1996 年，海王星辰的第一家社区零售药房在深圳开业。到 2024 年年底，海王星辰已经在全国 14 个省（自治区、直辖市）开设了 4 800 多家健康连锁药房，营业规模突破 160 亿元（其中 O2O、B2C 的线上业务收入占比 48%，均高于 A 股连锁药房上市公司）。

海王星辰及其海王集团总部设在深圳①，因为扎根深圳这座神奇的科技创新之城，其数字化、供应链管理、品类管理（深圳也是全国最早实施药房品类管理的城市）、品牌营销、新媒体运营、海内外零售业态品类构建与商业模式均走在创新前沿。这一地缘优势非常有利于企业家和药房品类战略规划者通过反复测试，识别出商业演化过程中"渐变与突变"的关键因素，从而有目标、有步骤地实施品类创新业务。

海王星辰自成立开始就坚持做品类创新，比如，其首创药妆店（理肤泉、薇姿品牌等），率先开发药房自有品牌（这一模式被全行业沿用至今），大力发展多元化商品和大健康品类等。特别是在海王优品战略的推动下，海王星辰持续引领行业创新。

作为海王集团和海王星辰的董事长，张思民的企业家精神、家国情怀、经营理念，深刻影响了海王星辰的品类创新，引领着海王集团下属各业务板块的融合发展。他也一直坚持，海王所有创新的

---

① 有关深圳为什么成为中国连锁药房和平价药房发源地的讨论表明，深圳的独特地位既得益于海王星辰最早加入美国连锁药房协会后的连锁扩张实践，也受到香港屈臣氏与万宁的深刻影响。

出发点都是为消费者着想，与消费者贴心，让消费者通过其商业模式创新以更低的支出享受到更高品质的生活。

## • 品类+服务的探索之路

众所周知，品类是零售药房的基本经营单元，做好品类管理的药房才能够处理好经营与管理的关系，在市场上保持竞争力，与顾客建立长期的信任。面对不断变化的市场环境，零售药房需要通过持续开展品类扩充与角色调整，借助零售技术创新与专业服务体系建设，打造区别于竞争对手的差异化优势，这就是品类创新的意义所在。

海王星辰品类创新可分为三个阶段：（1）1996—2003年，在海王星辰创立之初以及扩展期间，海王集团将其定位为便利化、多元化品牌，主营健康类保健品，满足社区居民对家庭健康生活的需求。（2）2003—2015年，海王星辰在药房行业首创引入自有品牌商品的做法，涵盖药品、保健品，以及大量生活便利品。海王星辰产品结构发生变化，其业态类型从健康药房转变为健康生活便利店。（3）2015—2024年，由于医保政策、医药电商、互联网平台、顾客人群结构等环境因素产生剧变，其他连锁药房茫然无措之时，海王星辰却因其品类创新的基因和对环境因素变化的准确识别、判断把握，在这一阶段重新找回健康药房定位，全面构建"保健食品+专业药品"全品类、"线上+线下"全域触达的新模式，并获得明显成功。海王星辰成为业界大健康类型店的杰出代表。

无论海王星辰在品类创新的发展中经历过多少坎坷，但如今看来，海王星辰始终坚持随着环境变化推进品类创新，并以满足顾客日益变化的健康生活需求为核心。

经过 10 年的品类创新与调试，目前海王星辰在药品与非药品（保健品、器械、美妆、健康食品、生活便利品）两大板块，加强了品类扩充和重点品类构建[①]，而且，海王星辰还以现代人疾病谱为依据，通过慢病服务管理体系建设，带动产品销售基本范式的优化，并针对特定人群，构建重点商品品类创新模式。

目前，海王星辰主要在以下四个方面进行品类创新和服务管理体系构建。

### （一）慢病管理

海王星辰已在全国建立多个慢病管理中心，确定相对稳定的用药目录，通过提高慢病管理服务水平，帮助患者增加用药依从性，预防并发症。从周一到周五，海王星辰分别确定了不同慢性病的关爱日，如周一为消化系统关爱日，周二为糖尿病关爱日，周三为高血压关爱日，周四为骨关节和高尿酸等病的关爱日，周五为呼吸系统关爱日。与此同时，海王星辰还为患者提供门诊、慢性病复诊、25 分钟 O2O 模式送药到家、移动医疗等专项服务，尽最大努力满足特定慢性病患者的医药服务需求。

### （二）非药业务

非药业务是海王星辰品类创新的核心业务板块，海王星辰的"海王优品"战略旨在通过不断优化健康商品和家庭生活便利品，构

---

① 能够满足顾客高质量健康生活需求、帮助顾客形成健康生活方式的相关产品的引入与服务管理体系的建立健全是扩充和构建的重点。

建高性价比的健康生活必需品品类，满足顾客家庭生活用品刚需和高品质健康品的选择性需要。

## （三）特定品类的精准营销

以防脱产品为例，海王星辰与欧加隆合作，在深圳设立全国首个"药房＋生发护发中心"，用最新的脱发护发产品和服务，锁定相关人群，探索服务管理新模式。这个管理中心的产品，除了防脱发的药品（如欧加隆的保法止、蔓迪的米诺地尔等）、防脱发的洗发水（如二硫化硒洗发水），还有门店的检测设备（如头皮/头发检测仪）。2023 年，欧加隆保法止单品销售额增长了 80%。

## （四）新药引入

在医药分开和医院处方药流转到药房的医改背景下，海王星辰利用集团供应链优势，积极引入新特药和处方药，如妥瑞达（盐酸卡马替尼片）和乐泰可（硫酸瑞美吉泮口崩片）等，为患者提供最新治疗方案。

以上做法是目前药房品类管理的一种创新，也是商品品类与专业服务管理体系结合的一种尝试。海王星辰这种以品类＋服务来推进药房品类创新的思考方法和初步实践，或许代表了中国零售药房未来品类创新的方向。

### ● 一个新品类，一个新品牌

目前，整个海王集团与海王星辰的主推战略品类是海王优品。

它是海王集团旗下聚焦健康保健食品行业的一个板块，专注于解决人民群众不断增长的健康需求与供给不平衡、不充分之间的矛盾，致力于打造人人买得起的优质健康食品，试图以极致产品、极致价格创新品类模式，全力助推目前高价的保健品、滋补品回归膳食补充，让每一位中国人都能享受平民化、日常化的健康生活方式。

张思民董事长通过对"渐变与突变"关键因素的识别与研究，明确指出了布局优品品类的战略考量。在中国经济持续增长、全民健康意识不断提升的背景下，健康食品产业展现出巨大的发展潜力。1994年，日本社会进入深度老龄化阶段，日本保健食品行业开始高速发展。与日本相比，中国十分庞大的老龄化人口基数、方兴未艾的银发经济必将催生更庞大的市场。最为关键的是，健康保健食品兼具食品和药品二元属性（包括药食两用中药），有功能性食品的快销性和药品的严肃功能性，因而从广义角度看，健康保健食品行业是一个具有一定门槛的万亿级超级赛道。

2023年起，零售药房与其他行业一样，从传统的线下门店经营模式转型，或加强线上新零售、新电商、新媒体的经营模式创新。而海王星辰线上经营和持续创新的经验使其完全具备全域创建和推广优品、新品的条件。

依托海王集团国家级企业技术中心多年的研发实力，海王优品成功实现技术转化，建立起了卓越的产品品质体系。海王优品拥有丰富的批文储备，产品线覆盖广泛，能够满足不同人群的多元化健康需求。从保健食品、功能性食品、运动营养食品到传统中医药理论视角下的药食同源产品（如灵芝、人参等），海王优品为消费者提供高质量的产品选择。这种全面的产品覆盖面，确保消费者能够在一个品牌下找到适合自己和家人的产品。

一个新的品类需要一个新的品牌。下图是海王优品的渠道品牌识别形象。

海王集团利用其产业链、供应链优势，将全产业链要素创新配置，通过"大厂＋名店＋名品"的渠道品牌组合方式，以极致性价比提高终端自点率，扩大覆盖人群，增加顾客消费频次，从而突破各个单品的销售上限。自2024年10月起，海王优品与海王星辰全面推动战略合作，通过全门店铺货和全员培训，以广大慢性病顾客的疾病关联需求为突破口，结合多轮次社区渗透扩大服务覆盖人群，短短三个月，就取得了阶段性的突破成果：样板门店的营业数

据持续提升，更多优秀门店和先进分部涌现出来，整体日均销量实现增长态势。

与此同时，海王星辰利用全国一线城市的O2O模式门店、互联网平台、新媒体/电商（包括美团、饿了么、淘宝、京东到家、平安好医生、抖音、小红书等）和自媒体（公众号、小程序、视频号、直播间等），依托自己的平台（微商城、私域会员体系等），进行了持续的品牌传播和会员促销推广活动。

品类营销

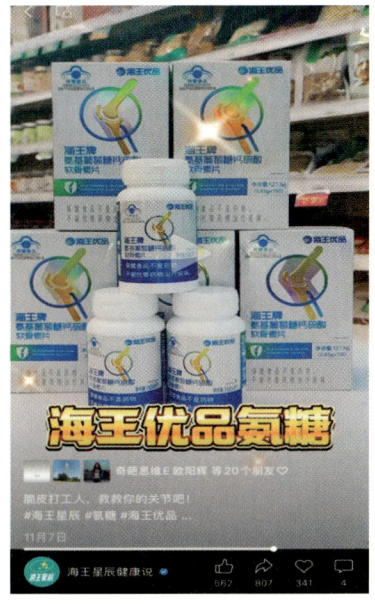

- **"以更低支出享受更高品质的生活"**

品类是药房经营的法宝，也是品牌背后的基石，更是维系药房与消费者关系的纽带，还是夯实消费者心智认知的"压舱石"。在中国零售药房领域，众多企业通过持续的品类构建与创新，既推动了行业发展，也更好地满足了消费者的医药健康需求。海王星辰作为这一领域的知名品牌企业，在探索过程中始终保持着充沛的活力与创新勇气。这种持续的创新动力，很大程度上源于张思民关于药房品类创新的核心理念：通过海王集团的品类创新，让消费者以更低的支出享受到更高品质的生活。

（案例由李霏霏、易文、薛娜、王萍、黄坚鑫等编写，张思民、代航指导）

## 【张思民董事长说】

在中国大健康行业发展的历程中，海王集团做的每一件事都与创新紧密关联。当前，全民进入养生时代，产业发展趋势非常清晰，在"健康中国"战略和《中华人民共和国国民经济和社会发展第十四个五年规划和2035年远景目标纲要》的驱动之下，保健品行业将在这次现代化发展进程中获得巨大的成长空间。从广义角度看，这是一个万亿级的超级赛道。如何承接这个万亿级市场、如何突破保健食品行业的难点、如何解决行业的痛点和堵点，是摆在医药零售企业和保健食品工业企业面前的课题。

海王优品的"极致产品、极致价格"将健康保健食品的购买门槛降低，使得中国的保健食品价格更亲民。海王优品与海王星辰的全面战略合作，在服务民众健康的同时，给海王星辰带来了销售增量，也为门店员工带来了收入提升，帮助海王星辰药房在产品同质化的竞争市场中突围。

2025年，外部环境仍存在极大的不确定性。逆境是成长的催化剂，机遇往往隐藏在挑战之中。海王集团必须以更加积极的姿态迎接行业挑战，在变革的浪潮中寻找机遇，在磨砺中完成进化，在挑战中实现蜕变与成长，紧抓时代发展的浪潮乘势而上、迎难而上。心存希冀,目有繁星。追光而遇,沐光而行。海王集团将继续笃行致远、砥砺前行,在时代的洪流中,开创崭新的辉煌未来。

(张思民系深圳海王集团股份有限公司董事长、山东海王星辰医药连锁集团股份有限公司董事长)

## 【霍佩琼专家评点】

在中国医药零售行业竞争日益激烈的背景下,海王星辰连锁药房凭借其清晰的选品定位和大众化的健康服务模式,逐渐成长为行业头部企业之一。作为一家以"大众健康产品销售"为核心的连锁药房,其选品策略既体现了企业对市场需求的敏锐洞察,也反映出行业趋势下企业的战略取舍。具体可以从两个方面来看。

(1)聚焦大众健康需求,构建"全场景"产品矩阵。海王星辰的选品定位紧扣"大众健康"这一核心,其产品结构呈现出四个显著特征,即基础性、高频次、专业化、多元化。在基础品类布局上,海王星辰以 OTC 药品和家庭常备药为核心,商品覆盖感冒、肠胃病、皮肤病等常见疾病领域,同时强化慢性病用药(如降压药、降糖药)的供应链管理,确保社区消费者能够快速获取急需药品。这类高频、刚需产品的稳定供应,不仅满足了居民日常健康需求,也为门店带来稳定的客流。

在健康消费升级趋势下,海王星辰逐步扩展健康产品边界:一方面引入保健品、医疗器械(如血糖仪、制氧机)、中医养生类商品;另一方面增加母婴护理用品、个人健康护理用品(如口罩、消毒用品)等品类。这种"泛健康"选品策略,既契合了消费者从"治病"

到"防病"的观念转变，也通过多品类联动提升了客单价。

（2）差异化竞争。社区化布局与健康服务赋能。在标准化药品零售之外，海王星辰的选品逻辑还体现了场景化服务思维，其依托密集的社区门店网络，选品高度适配社区场景。例如，针对老年群体，强化慢性病用药储备。针对年轻家庭，增加儿童营养补充剂等。这种"最后一公里"的便利性，使其在与电商平台的竞争中形成独特壁垒。

海王星辰通过提升专业价值进行服务化转型，例如，设立慢病管理专区，搭配用药指导、健康检测等服务。又如，引入药事咨询、中医问诊等增值服务，将单纯的药品销售升级为健康解决方案。这种服务化转型不仅增强了用户黏性，也为高毛利健康产品的销售创造了场景。

尽管海王星辰的选品策略具有显著优势，但在行业环境快速变化的背景下，其模式也面临多重挑战。

（1）同质化竞争压力。多数连锁药房均聚焦于OTC、保健品等大类，产品结构趋同导致价格战频发。海王星辰需进一步挖掘独家代理品种、自有品牌（如海王优品系列保健品），或通过数字化工具实现精准选品，构建差异化优势。

（2）专业服务能力瓶颈。健康咨询、慢病管理等服务对药师专业度要求较高，而行业普遍存在人才短缺问题。加强药师培训体系，探索"互联网+药学服务"模式，或成为破局关键。

（3）电商冲击与全渠道整合。尽管社区门店具有便利性优势，但电商平台在价格、品类丰富度上更具吸引力。海王星辰需进一步巩固O2O市场老大地位，通过"线上下单、门店配送"模式提升响应速度，同时利用线下场景增强顾客体验感。

（4）政策风险与合规成本。带量采购、医保支付改革等政策压缩药品利润空间，而中药饮片、医疗器械的监管趋严也增加了企业运营成本。动态跟踪政策变化，优化高毛利非药产品占比，将成为选品策略调整的重点。

展望海王星辰品类创新模式的未来，从"药品零售商"到"健康平台"的发展趋势非常明显。面对行业变局，海王星辰的选品定位或许还要向更高维度进化。

（1）数据驱动选品。利用会员系统积累的消费数据，分析区域化健康需求差异，实现"千店千面"的精准选品。

（2）健康生态整合。与医疗机构、保险公司合作，开发"药品＋健康管理＋保险"的组合产品，提升用户生命周期价值。

（3）年轻化转型。针对Z世代健康需求，引入功能性食品、代餐产品、颜值经济相关品类，抢占新兴市场。

总之，海王优品的选品定位，体现了海王集团和海王星辰在大众健康赛道中的典型生存策略——通过全品类覆盖保障基础流量，借助社区化服务构建护城河。然而，在医药分家、消费分级、技术变革的多重驱动下，其未来能否成功将取决于企业能否在商品组合优化、服务能力深化、数字化能力强化之间找到新的平衡点。唯有持续创新，方能在"健康中国"战略的红利期中占据更有利的位置。

[霍佩琼系华润广东医药有限公司（华南区域）总经理]

# "自有品牌+直供专销"：

## 恒昌医药的贴牌创新实践

何涛、胡玉英、黄宇翔

● 核心提示：

2015年的中国医药零售市场，中小药房正深陷同质化竞争的泥潭——工业品牌强控供货渠道，药房利润被层层分剥，药房生存空间日渐萎缩。彼时，贴牌产品虽已充斥货架，却陷入尴尬境地：多数产品因缺乏统一标准和质量把控，沦为"低价低质"的代名词。消费者普遍对贴牌产品疗效存疑，市场看似繁荣，实则陷入"有产品无品牌、有销量无信任"的恶性循环。

作为药房现行贴牌模式困局的破局者，恒昌医药集团董事长江琎认为，恒昌医药给自己的定位就是全国中小医药终端的虚拟连锁总部。在此基础上，恒昌医药非常明确地提出在零售药房终端领域，要帮2 000名药房经营者把事业传承百年。帮助各药房做成百年老店后，恒昌医药自然就成为百年老店身后的百年老店。

2024年年底，随着江右制药第一批产品上市销售，恒昌医药正式迈入业务2.0时代，即"前店后厂，品牌专卖"模式。从初创独行时的"自有品牌，直供专销"，到"前店后厂，品牌专卖"，恒昌医药始终以"助有良知的合作伙伴事业传承百年"为目标。无论是起步时"小品牌贴大厂""做医药界的小米"的定位,还是当下以自有品牌产品为基石,以自产黄金单品及出售高品质普药为战略,药房＋恒昌自有品牌贴牌模式已蔚然成风,成为中小连锁药房在市场竞争中的突围利器。

## • 恒昌贴牌模式应运而生

在成为恒昌医药集团董事长之前,江琎还只是一位心怀创业梦想的有志青年。这个眼里燃着星火的年轻人或许自己都没意识到,他首创的"自有品牌、直供专销"新模式,会成为中国 20 余万家中小医药终端在竞争中突围破局的助力。

炎炎夏日,江琎开着一辆房车,带团队四处调研县域药房,并在当时就发现了一个药房经营矛盾:一面是中小药房经营者抱怨"品牌药不赚钱,杂牌药不敢卖"的困境,另一面是大量优质工业产能闲置,消费者却依然买药难、买药贵的境况。这位曾在药企一线销售领域深耕的掌舵者,敏锐捕捉到产业升级的契机——若能打通中小药房与优质药企的供需壁垒,让百强工业企业的品质好药直供终端,或许能改写整个行业的生存法则。恒昌医药这家日后注定要改变传统医药流通模式的企业由此诞生。

在药房动销上,恒昌医药倡导全国会员终端通过 D + A[①]模式,重构药房品类结构,重塑药房经营理念。特卖(D 类)策略聚焦医院品种、家庭常备药等流量产品,吸引客流;专卖(A 类)策略则通过直供专销的恒昌系产品,支撑利润并助药房形成差异化竞争力。

在经营理念上,恒昌医药为终端会员提供全方位的赋能,如高

---

① Discount + Advance,特卖 + 专卖。

管蜕变营、领袖成长营、百年老店研修营、创二代传习营、湖湘游学、百年经营哲学班等活动，助力终端会员店员提升专业水平、终端会员老板优化经营理念并拓宽认知边界和战略视野。

在短短几年间，恒昌医药迅速成长为一家专注服务中小型连锁药房、单体药房及基层医疗卫生机构的行业领军企业。截至2024年年底，恒昌医药在全国已经拥有超过20万家中小医药终端会员，涵盖中西成药、中药、保健食品、医疗器械等多个领域的自有品牌产品超2 000款。与恒昌医药合作的医药终端，也在经营理念、企业文化、专业素养、品类梳理等方面的加持下，优化利润结构，实现逆势发展。

## ● 恒昌产品在药房

### （一）湖南六谷大药房

2020年，恒昌医药收购六谷大药房作为药房经营新模式的试验田，开启了从传统药房到健康服务入口的蜕变。

作为恒昌医药的子公司，六谷大药房门店采取全品上架1 800余款恒昌医药自有产品的方式，依托独家单品、自有批文等提升门店利润。在新品引进方面，除了品种行业销售大数据、缺失品类分析、门店销量数据TOP排名，六谷大药房还会结合ERP系统里的顾客订购需求单来进行品种分级分类采购，同时通过合理的品类结构规划、供应商规划，最大限度精简供应商和品种的数量，实现商品的高效运营。剔除冗余杂乱的贴牌品种后，六谷门店运营更加高效，动销政策更加清晰，坪效不断提升。

在药房基础功能之上，六谷大药房还增设了健康生活场所，打造"中医＋药房＋研学＋养生"的沉浸式文化场景，构建"药房＋新零售"的业态。每年端午节，六谷大药房各个门店都会发起"包粽子送温暖"活动，顾客亲手制作的粽子，一半由他们带回家，另一半由门店带队送至养老院。"活动成本不到 1 000 元，但活动当月新增会员超 800 人，"长沙六谷大药房加盟店店长在总结活动时说道，"每次活动在聚人气的同时，都能带动相关单品销量上涨。"

通过场景革新和沉浸式体验活动，六谷大药房还为社区消费者打造养生空间。中医理疗馆与药房联动、中药熏蒸体验与书香阅读融合、药食同源与线下试吃体验结合，这些活动让每位顾客在调理身心的同时，感受中医药"治未病"的哲学魅力。

2024 年 9～12 月，六谷大药房先后开展 17 场活动，活动销售业绩最高较活动之前上涨 110 倍。10～12 月，活动门店配送额增长率为 183.41%，PB[①]配送额增长率为 225%，独家大单品销售增长率为 87.5%。

六谷大药房依托 ERP 系统实现线上线下全链路数字化高效管理，大幅提升运营效率，通过 ERP 系统"随心"功能模块实现以下两点：随心看，即随时随地查看门店经营情况、行业热度和品类缺失情况，实现精准高效决策；随心盘，即自动化库存盘点与预警。同时，结合 ERP 数据分析，六谷大药房优化了商品结构、库存周转及营销策略。

---

① private brand，自有品牌。此处指自有品牌产品。

## （二）吉林天一堂大药房

在实际运营中，恒昌医药精准定位产品，根据市场需求和消费者偏好，合理配置 D 类和 A 类产品的比例，动态分析终端需求，为不同区域、不同类型的会员门店提供个性化的产品组合和营销策略。

在吉林天一堂大药房的货架上，原本杂乱无章的贴牌产品被恒昌 PB 产品替代——从感冒灵到降压药，每款产品都经过严格品控。当下，很多药房也学着开始实行"D+A"模式，天一堂大药房的老板高国升则琢磨起"D+A"的升级打法，他说："打价格战就能带来客流吗？能，但是客流不稳定。供应商变来变去，打价格战是没有优势的。所以我们应该把重点放在商品结构的差异化上，这也是我认为'D+A'模式可以升级的地方。"

高国升提出，做好商品结构的差异化要注意"三个不给"原则，即不给医院抗价，不给网上平台抗价，不给竞争对手抗价。"第一，现在集采已经把价格打到底了。像降压药这类产品，卖医院，你会发现，越卖利润越少，你的客流也越来越少。所以我们不能给门诊、医院抗价。第二，网上有的品种，坚决不选、不卖。跟网上价格差不多的品种，我就选独家售卖方式，维护好市场的独家性。第三，也是所有药房都遇到的问题，老百姓消费意愿下降，消费能力不强。我们突然发现，来店消费者，不再注重药品的品牌，只要是'国药准字'的产品就可以。顾客更注重的是价格。所以，我们应该明确哪些产品做低价，去满足低消费群体的需求，如降糖、降压、感冒、发烧、抗生素、清热解毒等刚需品类，全部打成底价。而对于满足高消费者深层次健康需求的产品，我们用健康服务换取利润。比如，降压药之外，其他解决高血压并发症的产品，就有很大的利润空间。"

当同行还在为客单价下滑焦虑时，高国升笃定："医药行业归根到底是经营人心。"

## ● 品牌经营：被需要，才能活

当下，全国多地上线药品比价系统，标品的信息差、价格差不断缩小，只有做独家品种、自有品种才有出路。江珊分析到，近年来，大型连锁药房也意识到专卖的重要性，因此，中小药房更应深耕"特卖＋专卖"营销模式，积极开发独家专卖品种，提升专业服务能力，形成自己的核心竞争力。在构建专卖品类体系的过程中，构建品牌资产至关重要。江瑔引用可口可乐创始人的名言，揭示品牌资产的无形价值——"即便所有工厂被烧毁，可口可乐的品牌价值也能在三个月内被重建。"对中小药房而言，在消费者心中建立起独特且值得信赖的形象，远比拥有豪华的厂房和先进的设备更为重要，这是未来中小药房能够区别于竞争对手的关键所在。"品牌资产是消费者脑海中对我们所售产品的认知，这是真正的资产。"这种长期的品牌积累，将为药房带来稳定的顾客群体和市场份额，助药房实现可持续的发展。

然而，品牌资产的构建并非一朝一夕之功，需要长期的投资和积累。连锁药房要建立被消费者需要的百年老店，恒昌医药要建立品牌化贴牌模式以达到被医药终端需要的目的，这都需要长时间的品牌沉淀。观势谋势，恒昌医药正通过旗下的上海江右医药集团立志打造各细分领域的制药工业"头部品牌"，如江右制药聚焦胃肠道用药，状元制药专注儿科、妇科用药，旨在建立"大单品矩阵＋品牌工业矩阵"，为会员提供"品牌专卖店"的独家资源。2024年年底，恒昌医药持有立项药品批文超300个，其中，独家特色批文超60个，大单品参鹿茶、健儿强骨、强身颗粒、前列闭尔通、小儿复方四维亚铁接连上市，参鹿茶、健儿强骨相继登陆央视，为会员药房持续积累属于自己的品牌资产奠定了后方基础。

（案例由何涛、胡玉英、黄宇翔编写，江瑔、代航指导）

## 【江琣董事长说】

2015年前后,行业头部连锁品牌相继登陆资本市场,开启资本扩张。中小药房要面临的竞争对手,不再是"隔壁老李""对面老王",而是省城来的大连锁品牌。

正当众多药房开始迷茫时,恒昌医药应运而生。通过深入的市场调研,恒昌医药发现,单体药房、中小连锁药房本身具有很多优点,比如,药房品牌、地政关系、员工稳定性、顾客忠诚度都很好。跟大连锁药房相比,它们唯一的缺点就是缺少真正意义上的总部。恒昌医药喊出:"建全国最大连锁总部,助会员永做最强终端,立志助有良知的合作伙伴事业传承百年,与恒昌医药携手让14亿国人不为健康产品多花1分钱。"

彼时,在基层市场,药品零售终端经营的"品牌药"主要来自四大控销企业[①],但这些产品,往往使消费者花了不菲的价格买了很多"小厂"生产的"品牌药"。于是恒昌医药发起"百强工业·品质联盟",携手国药、石药等众多品牌工业企业,通过"自有品牌直供专销"模式,为会员提供上市连锁级别的品类,让真正的品牌药成为终端的绝对首推,让中小连锁能与上市连锁在同一供应链水平上竞争。

---

① 修正、葵花、仁和、万通。

人生成长的过程就是认知不断升维的过程。2019年，我先后6次带高管、客户到日本游学，发现日本百年老店都在学习中国文化。在游学中，我顿悟到，让14亿国人不为健康产品多花1分钱，首先要转变经营者的经营理念，要让药房经营者把"利他"放在首位。赚钱的事情，则由恒昌医药来帮他们整体规划好、设计好，这样既保障中小药房有合理的利润，也可以促使其在这个行业里面长久地发展下去。

恒昌医药给自己的定位就是全国中小医药终端的虚拟连锁总部。我和我的高管团队的工作就是守护这些中小医药终端的发展。在此基础上，恒昌医药非常明确地提出，在零售药房终端这个领域，要帮2 000名药房经营者把事业传承百年。帮助药房经营者做成"百年老店"，恒昌医药自然就成了"百年老店"身后的"百年老店"。

2024年年底，随着江右制药第一批产品上市销售，恒昌医药正式迈入业务2.0时代，即"前店后厂、品牌专卖"模式。从初创独行时的"自有品牌、直供专销"，到十年启幕时的"前店后厂、品牌专卖"，恒昌医药以助有良知的合作伙伴事业传承百年为目标。无论是起步时"小品牌贴大厂""做医药界的小米"的战略定位，还是当下以自有品牌产品为基石，以主打自产黄金单品及高品质普药为战略，恒昌医药始终只为让14亿国人不为健康产品多花1分钱而努力。

迈向战略2.0的恒昌医药集团，更有底气和信心携手会员家人脱离内卷、超越竞争，全面赋能中小医药终端会员，使其在大健康产业的赛道上阔步前行。

（江琎系湖南恒昌医药集团股份有限公司董事长）

## 【徐晓平专家评点】

随着这些年隆力奇与中国零售药房逐渐开展合作，我们对药房经营的需求有了更多的了解，如利润、产品品质、专供专销的品牌产品、贴牌等等。我从恒昌医药做自有品牌的成功案例受到很大启发。它不是简单的贴牌，它是要把贴牌产品做成品牌，而且它是有办法、有体系、有模式的，还有信仰和激情，要带着长期合作伙伴一起开创百年老店，一起用博大精深的中国传统文化来维系、升华彼此的生意模式。我对江琎董事长的才华与执着表示钦佩。

隆力奇作为日化界的领军企业，这些年在关注推进大健康与健康生活日常化的过程中，深感渠道专营与品牌跨界带动客流增长机会的重要性，所以，我们非常看好和珍惜与药房渠道的合作关系，非常愿意采取适用性的思路与药房（也包括与恒昌医药这样优秀的医药流通企业）进行多种合作模式探索。除了渠道市场合作，隆力奇也是一家非常注重研发创新的科技型企业，愿意在特定产品（如大健康类）的研发上进行前瞻性投入、应用改进投入和持续性投入，我们愿意与一切围绕消费者树立健康生活方式的伙伴们，进行品牌跨界、贴牌生产、联合品牌、联合营销等多方面合作，共同探讨能够顺应市场变化的新的合作模式，为健康中国贡献力量。

（徐晓平系江苏隆力奇集团有限公司总裁）

# 小鹿e站：
## 以美丽健康品类创新探未来

李从选、薄荷、刘诚成、文丽阳等

● **核心提示：**

著名专家李从选多次前往贵阳考察小鹿e站，认定这是药房大健康新业态，并且亲自带队撰写本案例。

业态创新并不容易，因为不能一蹴而就，也不能不顾商圈（包括线上）甚至全域潜在顾客购物习惯的识别与培育。按照一树药业董事长王春雷的说法："小鹿e站的构想，来源于一树药业多年药房经营的实践，来源于我们高管团队和全公司上下一致的身体力行，可以说这是行业发展到今天、业态发展到今天的一个时代产物。美丽健康既是我们个人的追求，更是全体国人在健康中国时代的共同追求。小鹿是生命活力的象征，也是健康美丽的代名词。小鹿e站的业态创新实践，凝聚了全体一树人的智慧和心血，也寄托了许许多多关心、关注一树药业发展的朋友们的期望。"

知名行业专家徐郁平在对本案例作点评时认为，业态发展是一个很好的看中国零售药房创新的角度。小鹿e站在商品品类及陈列上，有非常明确的"靶向性"，即给大健康（含美丽）品类最直观、最大面积的关注和陈列，力求动线明快、色彩鲜明，在视觉营销上做足文章；在设施设备上，注意引进检测设备，注重现场体验，加强智能化；在价格上，给全城、全域的消费者比价权，强调消费者自主选择、自主消费；在店员服务方面，更加亲民、更加专业。从本案例来看，小鹿e站的业态要素，结构合理、可辨识度高，消费者购物舒适、体验感强。可以说，小鹿 e 站在美丽健康品类创新上已经初步取得成功，并且正继续昂首走在业态创新的大路上。

## • 千呼万唤的小鹿 e 站现身贵阳

2024 年 6 月，在贵州省会贵阳，本土最大的连锁药房贵州一树药业股份有限公司（简称"贵州一树"）在万众企盼的目光中，推出新业态：小鹿 e 站——小鹿健康活力中心。有行业人士多次参观这个主打健康美丽概念的新业态后，惊呼，未来药房来了。

贵阳是国内首个药房采购联盟——：药店贸易联盟（pharmacy trade organization，PTO）诞生的地方，该联盟是一树药业发起的。贵阳也是全国第一个药妆店业态——一树舒普马的诞生地。

小鹿 e 站是 2024 年年初开始装修的，经过半年的供应链构建、品类规划与服务模式确立，终于在当年 6 月盛大开业。

面对开业一段时间人流不断的场景，贵州一树董事长王春雷回忆自己二十多年专注业态创新的历程，颇有感慨。一方面，小

鹿 e 站就像他自己和同事们在脑海里孕育多年、终于诞生的可爱宝贝，它是健康美丽的代名词，寄托一代药房人为践行"健康中国"理念所做的不懈努力和光荣梦想，尤其在中国医药零售行业苦苦寻求药房业态类型创新之际，小鹿 e 站的横空出世，振奋业界；另一方面，消费者是否认可、接受小鹿 e 站这个未来药房，这还需要它做许多细致入微的工作，还需要时间来检验。

## ● 小鹿 e 站经营模式要点解析

小鹿 e 站的经营模式包括：付费会员，以超低价商品引客、以私域会员服务留客；线上线下一体化经营；异业联盟；多元品类，除药品外，还有大量创新的大健康相关品类；增值服务，依靠会员深度体验与必须收费的专业有偿服务项目支持运营。本案例将以上模式进一步凝练为两点：一站服务全城的模式和品类矩阵。

### （一）一站服务全城的模式

小鹿 e 站对每个会员一年收取 99 元会费，会费是不能用来消费的，只能用来取得以超低价格享受小鹿 e 站所有产品与服务的资格。小鹿 e 站齐全的品类，可以满足贵阳全城市民一站式购买大健康产品的需求。

小鹿 e 站把顾客利益放在首位，认为为会员服务才是企业存续的使命，所以旗帜鲜明地提出："回归本质，为会员提供健康、美丽方案。"注意，小鹿 e 站的使命是回归本质，而作为专业业态就是要能为会员顾客提供性价比高的产品和能切实解决健康美丽问题的服务方案。

小鹿e站为什么收取会员费？因为身为小鹿e站的会员，消费者可专享高品质与高性价比的商品与专业的服务。门店大胆承诺，无条件退换货，会员有效期内无条件退会员费。

## （二）品类矩阵

这家位于贵阳市云岩区松山路15号的大健康型药房，营业面积约1 300平方米，库存保有单位（stock keeping unit，SKU）达到7 000多个，公司目前还在持续优化与增加更多的大健康相关品类与服务。从实地考察可以看出，其门店立地优势并不明显，但却是一家服务全贵阳市的大健康问题解决中心，这主要是因为公司实施了线上线下一体化，顾客只要首次办理了会员卡，以后可以线上购买全店所有商品。公司还通过美团、抖音团购、天猫旗舰店等业务平台服务全城客户。

说小鹿 e 站是大健康新业态，因为其名称"小鹿 e 站——小鹿健康活力中心"中就不含"药房、大药房"等字样。小鹿 e 站药品的销售占比仅在 25%～30%，其品类结构更偏重大健康品类及健康相关日用品品类，是一个真正的健康美丽活力中心。小鹿 e 站开业时没有任何宣传，不到两个月，每天成交的客单数就达到 300 多人次，日均销售额就达到 2 万元以上，药品销售额最高时可达到 6 000 元/天。

## • 小鹿 e 站的专区陈列

小鹿 e 站涉及的品类与服务较多，下面就有特色的典型品类专区做一个简单介绍。

### （一）医美、药妆专区

这里轻医美、药妆、化妆品等产品众多，同时还有一些品牌药企的专柜产品，此外，还有检测服务、皮肤护理项目、美容仪器等。

产品琳琅满目,让追求美丽的女士们趋之若鹜。

（二）宠物经济专区

宠物是现代单身人士的最爱。宠物经济这几年迅速发展,养宠物的人群中,女性远多于男性。宠物经济专区紧邻医美专区,提供宠物食品、用品一站式购物体验,满足"宠物妈妈"们的养宠需求。这样的创意专区设置可谓是匠心独具。

## （三）妇幼专区

针对母婴群体，门店精选高品质功能性生活用品，满足妈妈们的育儿需求。

## （四）牙齿口腔护理专区

在这个品类专区中，最有特色的当属一款人工智能全方位可视牙菌斑清洁仪：随身牙医。使用者可以通过蓝牙，在手机上看到自己刷牙、清理细菌的全过程，能看到牙齿有无问题、哪里还没有刷干净。此外，还有专业人士提供"随身牙 e"专业护理服务，给儿童建立牙齿清洁护理档案，指导家长定期前来带孩子学会保护牙齿。产品连带服务是收费的。

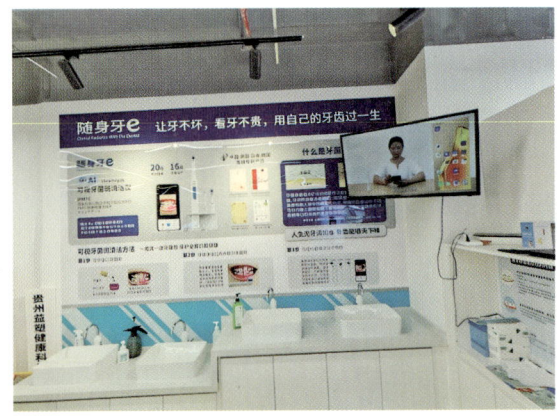

## （五）眼部健康视光专区

这里有专业眼科医生给顾客的眼睛验光，体现了"一切为顾客着想"的理念。这里有价格极低、高端精致的眼镜供顾客购买。这个专区最大的特色，在于专业眼科医生的儿童近视矫正专项服务，它是小鹿 e 站高毛利的特色服务产品。这项服务解决了家长们只有节假日才有时间带孩子到医院矫正视力的难题，且小鹿 e 站眼部健康视光专区视力矫正的收费，远低于医院收费。平时孩子因为上学，无法常去医院矫正视力，但孩子们放学后的时间，家长可以随时带他们到小鹿 e 站，在专业人士指导下矫正视力，十分方便。

## （六）疗养体验专区

线下实体店的核心竞争力之一，就是有温度的专业服务、情绪价值提供和面对面的服务体验。这个专区打造"无药疗法"特色空间，涵盖运动康复、养生调理等特色服务。

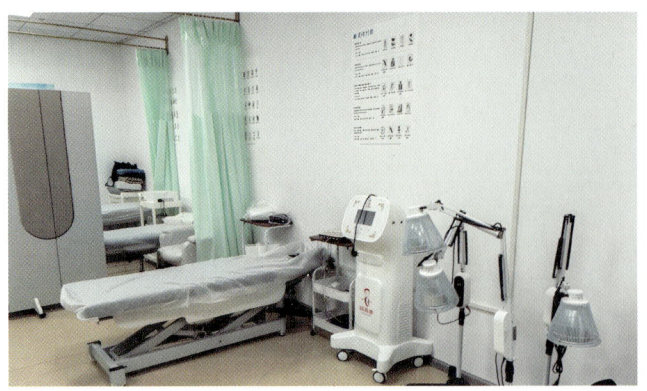

## （七）脱发白发治疗专区

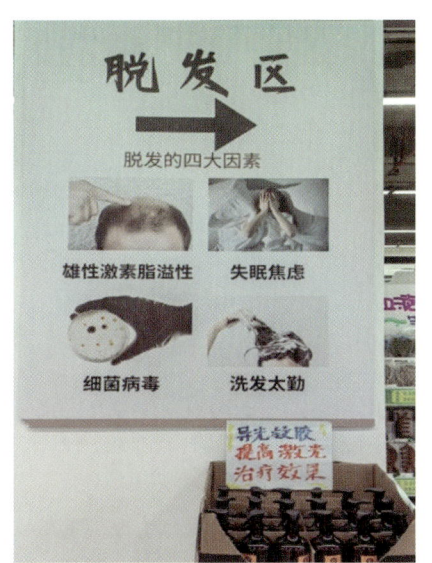
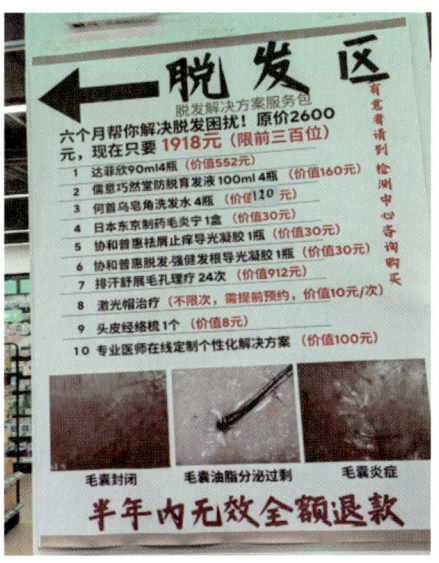

## （八）中药养生专区

中药养生正在逐渐成为国民健康消费时尚，小鹿 e 站中药养生专区同样颇具有特色。

## (九)贵州土特产专区

贵州是热门旅游地,无论是外地游客想购买贵州特色产品,还是贵州人想送外地客人礼品,都可以光顾特色产品专区。

## （十）其他

其他特色专区包括内部药品专区（疼痛、健康调理品类为主）、器械专区、康复理疗室、听障人士助听器验配与销售专区、体质调理中心、运动康复区、美妆药妆中心、跨境购产品专区、茶饮滋补区、居家生活区、食品区等，这里就不赘述了。

- **值得期待的未来药房**

小鹿e站作为药房大健康业态类型的探索者，也许现在还不够完美，还在进化中，但它承载着创造未来药房的历史使命。从折扣店、便利药房到专业店中店，行业始终在寻找适合中国市场的药房模式。中国医药物资协会监事长徐郁平曾经和他的同事借鉴日本经验，热切呼唤中国的未来药房。今天，小鹿e站的出现，或许正是中国版"超级药房"的有益尝试。相信通过持续优化与创新，这一模式有望在全国范围内推广。

*（案例由李从选、薄荷、刘诚成、文丽阳等编写，李从选、代航指导）*

## 【王春雷董事长说】

创新是一件很难的事，创新且取得持续的成功，更是难上加难。尽管如此，我还是把创新发展作为我和联合创始人团队奉行的圭臬。回想20多年前，我们在零售药房发起 PTO 药房联盟，那是我们在药房联合的外部组织形态上进行变革创新的尝试。后来，我们率先在药妆店业态上创新，再后来，我们大力推进药房扩张的内部合伙人制度探索，还试水"满天星"加盟体系……我个人觉得，我们一直走在创新求变的路上，从未停息。是非功过，任人评说，但是，在这一条创新求变的路上，我们得到的永远比失去的多。

小鹿 e 站的构想，源于一树药业多年药房经营的实践经验，源于我们高管团队和全公司上下一致的身体力行，可以说是行业发展到今天、业态发展到今天的必然产物。美丽健康，既是我们个人的追求，也是全体国人在健康中国时代的共同追求。小鹿是生命活力的象征，也是健康美丽的代名词。小鹿 e 站的业态创新实践，凝聚了全体一树人的智慧和心血，也寄托了许许多多关心、关注一树药业发展的朋友们的期望。既然已经开始，我们就要义无反顾地走下去，直至探索出一个好结果，给中国零售药房的业态创新交出一份完整的答卷。

借此机会，再一次感谢朋友们对一树药业的长期关注与支持。

（王春雷系贵州一树药业股份有限公司董事长）

## 【徐郁平专家评点】

八年前,我们出版过一本名为《掘金超级药店》的书籍,并预感到国内药房系统中,或许很快将会出现我们期待的"超级药房"。我们当时对"超级药房"的描述大致是这样的:"超级药房",或称"药妆店",不仅仅是药品的销售点,更为消费者提供了健康护理、美丽护理和便利生活的一站式购物体验。它们提供一站式服务,满足顾客从日常用品到健康护理的多样化需求。作为零售业态,"超级药房"在经营上更为灵活,能够迅速响应市场变化。

现在,春雷他们的小鹿e站作为药房新业态的最新探索成果,仿佛是对我们先前呼唤超级药房的一个回应,更像是今天业态乱局中的一股清流。我们可以在小鹿e站清晰看见未来药房的一种样式。

业态发展是一个很好的、看中国零售药房创新的角度。小鹿e站,首先在商品品类及陈列上,有非常明确的"靶向性",即给大健康(含美丽)品类最直观、最大面积的关注和陈列,动线明快,色彩鲜明,在视觉营销上做足文章;在设施设备上,注意引进检测设备,注重现场体验,加强智能化;在价格上,给全城、全域的消费者比价权,强调消费者自主选择、自主消费;在店员服务方面,更加亲民、专业。从本案例来看，小鹿e站的业态要素，结构合理，可辨识度高，消费者购物舒适，体验感强。可以说，小鹿e站从美丽健康品类创新上看，已经取得成功，在业态创新上，已经取得初步成功。

当然，创新业态的建立和成型，还需要一定的时间，包括各要素的配比组合，是否能够产生最大效力和协同，这是要经过不断调式、调整、修正的。我们有理由相信，小鹿e站这个未来药房，一定会在春雷和他同事们的精心培育下，得到越来越多消费者的认可和喜爱，最终成为引领中国零售药房业态创新的新范式。

（徐郁平系中国医药物资协会监事长、知名行业专家）

# 药房经典名方销售模式创新

苏文欣、李祖山、王道鹏、谢玉富、刘亿、黄宇翔等

● **核心提示：**

曾在多家知名品牌中药企业操盘的徐胜，在任山西中华老字号品牌广盛原董事长后，终于可以按照自己的想法从源头布局来生产经营了。他选定了经典名方。在他看来，经典名方不仅是中医药智慧的千年积淀，更是现代药房转型升级的核心驱动力。在中医药复兴的浪潮中，广盛原始终以"传承不泥古，创新不离宗"为理念，将经典名方的价值与药房生态深度融合，通过匠心品质、科技创新与专业化服务，助力药房从"药品销售终端"向"健康解决方案提供者"跨越。

经典名方是中医药文化的瑰宝，其临床验证的疗效和深厚的文化底蕴，为药房创造了独特的差异化竞争力。以亿洋连锁、贵州一树等合作伙伴为例，经典名方不仅带动中成药销售占比从12%提升至22%，复购率超40%，更通过"治未病"理念重塑用户消费习惯——从"急症购药"转向"长期调理购药"，使客单价提升35%，用户生命周期价值（life time value，LTV）增长3倍。这种价值的本质在于，经典名方以解决健康问题为核心，成为药房吸引流量、增强用户黏性、开拓增量市场的战略入口。

## • 传奇起源，名方绽放

在历史长河中，有许多古老的故事，它们承载着岁月的记忆和时代的变迁。而广盛原的传奇故事得从明万历八年（1580年）说起，那时的大同被一场恐怖的瘟疫笼罩着，百姓们深受病痛折磨，生命岌岌可危。大同名医任服远心急如焚，配药治愈数千人，此药就是"妙灵丸"，寓意"妙药灵方"，它成了广盛原经典名方的起点。

从那以后，"妙灵丸"被大量生产，救了无数人的性命，还一直被传承至今，成了预防和治疗流感的经典药方，在"广盛原十大经典名方"里占有重要位置。1580年也因此成了广盛原的传承元年，自此，广盛原开启了一段中医药传承之旅。

明清时期，大同的中药行业发展得十分繁荣。当地药号①严谨的制药态度和高质量的药品得到了市场的认可，先后有400多家药号在大同开业。广盛原就在这样的环境里不断成长，它的经典名方也在岁月的洗礼中，一次次经受住了考验。

究竟什么是经典名方呢？其实，经典名方就是中医药智慧的结晶，是指经过千百年临床验证、疗效确切、配伍②精妙的代表性方剂。诸如《伤寒杂病论》《千金方》等经典著作中的名方，组方精简、配伍严谨，凝聚着中医药理论和实践的核心智慧，堪称中华民族的瑰宝。

---

① 古代药房的雅称。
② 药学术语，指将两种或两种以上药物配合使用的行为。

广盛原传承的经典名方，拥有诸多显著特点。其历史悠久，从明朝开始流传至今；配方经典独特，每一味药都是多个古方的完美结合，例如，仲景胃灵丸是张仲景《伤寒论》中的芍药甘草汤和《太平惠民和剂局方》的温中散合并而来；临床疗效确切，经过数百年长期验证，这些名方至今仍能为无数患者消除病痛。此外，广盛原的经典名方在剂型上也独具特色，其保留了传统剂型，如丸剂、散剂等，便于储存和服用，且能更好地发挥药效。

## ● 匠心坚守，品质至上

经典名方虽已诞生，但随着时代发展，药材制作和生产在市场批量化的进程中，遇到了不少难题。好药的制作，勤心勤力，更需精湛的技艺。做药就是做良心，面对困难，广盛原给出了自己的答案。

广盛原始终坚守对道地药材的执着追求。为了获取高品质药材，他们在海拔2 000米的恒山精心打造了3 000亩[①]野生恒山黄芪原生态培育基地，并投资1.5亿元将其建成全国最大的恒山黄芪现代化产业基地。他们致力于让中药材回归山野林间，从源头把控药材质量，确保药材无公害、无硫加工、无黄曲霉毒素污染，这显著提升了原材料的等级。

同时，广盛原也是精品国药的践行者。他们严守"材料务求地道，修合恒存天良""炮制之繁无以复加"的祖训，在生产工艺上严格把关，对每一个环节精益求精，用心铸就好药。其自主设计建设的全球最大的小红罐大蜜丸生产线，生产出来的蜜丸柔软细腻，保

---

① 1亩等于666.67平方米。

质期长。中华人民共和国成立前就有"蜜丸不过江，除非广盛原"的说法。如今，广盛原持续升级大蜜丸的包装和口感，使其更贴近日常需求，有效提高了患者的用药依从性。

如今，广盛原围绕"打造精品国药"的目标全力奋进，朝着成为国内名牌中医药企的方向稳步迈进，目前已拥有胶囊剂、颗粒剂、散剂、糖浆剂、片剂、丸剂、中药饮片、特医食品等生产线，共有药品批文 167 个，其中独有品种 15 个。广盛原生产的儿童感热清丸、仲景胃灵丸，作为"十大经典名方"产品，分别在 1597 年和 1978 年传到日本，至今仍畅销不衰。这背后，是广盛原对名方品质的执着坚守。无论是药材挑选，还是制作工艺，广盛原都遵循传统方法，并巧妙结合现代科技，确保名方的疗效能充分发挥，进而达到"做好药，做消费者的健康守护者"的目标。

## ● 走进药房，传承发展

经典名方的问世，为药房发展带来了全新机遇，引发了药房生态的变革。亿洋连锁引入经典名方后，迅速将其在商品品类规划中从"边缘品类"提升为"战略引擎"。自 2022 年引入广盛原产品以来，亿洋连锁的中成药销售占比从 12%提升至 22%，其中，经典名方复购率超过 40%，客单价较西药高 35%。核心单品"小儿参术健脾丸"月销量轻松突破千盒，60%以上的顾客为 30～45 岁"宝妈群体"。

亿洋连锁通过"三验"策略成功打消顾客疑虑：一是验源头，亿洋连锁在门店循环播放广盛原道地药材的宣传片，展示纯天然自然晾晒的东北野生蜂蜜、当年新摘的鲜山楂等;二是验效果,亿洋连锁与广盛原康养师团队密切沟通,为顾客提供"7天体质调理计划",并全程跟踪用药服务;三是验口碑,亿洋连锁打造"宝妈调理联盟",通过真实案例分享,激发社群传播的力量。此外,亿洋连锁结合中医"节气养生""天人相应"的理论,推出了"四季调理组合",如春季养肝组合、夏季养心组合等,不仅满足了养生人群需求,还拉近了企业与会员之间的距离,有效提升了会员黏性。

2024年,借助"养生文化节"契机,亿洋连锁成功引流新顾客超过1.2万人,其中60%转化为会员,这同时带动医疗器械、高端滋补品等关联品类的销售增长。此外,顾客的消费观念也逐渐改变,从"急症购药"转向"长期调理""不治已病治未病"过渡。以一位高血压顾客为例,其原年均消费仅为800元,经中医体质辨识后,该顾客开始持续购买降压代茶饮和四季养生成药,年消费增至3 500元。在员工培养方面,亿洋连锁设有3年系统的员工中药基础知识培训,还会安排员工前往广盛原生产基地研学,已经成功培养出35名中药内训师。这些内训师不仅具备扎实的理论功底,还能将道地药材的价值融入与顾客的沟通中,为顾客提供更专业、贴心的服务。

无独有偶,贵州一树连锁药房,在 2023 年引入经典名方前,月均销售数量不过百盒,经过两年的精心培育,到 2025 年,门店平均每月销售数据稳定在一万盒以上,成为药房零售企业品类增量挖掘的典范。贵州一树连锁药房深知专业的重要性,因而大力培训员工,使其掌握"手诊、舌诊、面诊、目诊"等多方面的专业技能,从"治标"和"治本"两个维度,为顾客量身定做健康的解决方案。在顾客健康教育方面,贵州一树连锁药房积极传授"治未病"的理念和方法。通过专业的服务和教育,经典名方的经营为药房的专业化转型提供了有力支持,成功扭转了当下零售药房客流和客单价急剧下滑的不利局面。

陕西五星大药房引入经典名方后,经营面貌焕然一新。为了让经典名方深入人心,五星大药房积极探索多元化推广策略,借助短视频吸引大量消费者的关注,同时举办线下体验活动,邀请顾客现场感受经典名方产品的魅力,极大提升了消费者对经典名方的认知和兴趣。在员工能力提升上,五星大药房高度重视专业性,定期开展专业培训,使员工对经典名方的认知更加深入,销售能力得到显著提升。员工能精准向顾客介绍经典名方的产品疗程与价值,为顾客提供专业用药建议。在客户服务方面，五星大药房建立了完善的一对一用药回访和跟进机制，员工定期与顾客沟通，了解顾客用药效果和身体状态，同时根据顾客健康需求，给出个性化中医药养生知识，有效提高了顾客的复购率。经典名方的引入，让五星大药房在激烈的市场竞争中开辟了一条特色发展之路。

上述药房的领导一致认为，经典名方对连锁药房来说，具有不可估量的价值。一方面，经典名方为药房带来了独特的核心资源，实现了品牌差异化。经典名方以解决客户问题为切入点，不仅贡献了丰厚的毛利，更成为吸引流量的重要入口，极大增强了企业的市场竞争力。另一方面，"经典名方+中医药康养师"的带教模式，既能提升员工的专业水平，又能助力药房从传统的"药品销售终端"转型为"健康方案提供者"，逐渐形成慢病管理的系统化思维，显著增加用户的黏性和复购率。在服务顾客的过程中，坚持并非难事，而不懈的坚持才是铸就差异的关键。

● 科技引领，创新发展

当中医药的文化传奇遇上科技创新，一扇通往全新世界的大门被打开，为产品研发开辟了新路径。

广盛原作为传统经典名方的传承者，是底蕴深厚的"三晋老字号"[①]之一。在"传承精华、守正创新"的战略指引下，其毅然踏上了国潮中医药科技赋能的新征程。其借助中医药现代化研发中心，

---

① 扎根山西的品牌。这些品牌传承独特产品、技艺或服务，有悠长历史，具备鲜明中华民族或山西地域文化特色，文化内涵深厚，在社会有一定认知度与良好信誉。

结合循证医学开展临床再评价，运用组学技术等，对经典名方进行深入研究，提升药方临床价值。作为世界中医药学联合会中医药文化专委会秘书长单位，广盛原通过真实世界研究（real world study，RWS）积累疗效数据，推动经典名方进入临床指南。其通过临床再评价，明确名方的作用机制、有效成分和最佳适用人群，在保持传统疗效的基础上，对产品进行优化升级。例如，广盛原自主设计建设了全球最大的小红罐大蜜丸生产线，开发了适合蜜丸生产的制造执行系统（manufacturing execution system，MES）、仓储管理系统（warehouse management system，WMS）等系统，建成了全球第一套大蜜丸自动生产线。从选用野生椴树蜜作为道地药材，到升级口感、革新包装，广盛原让古老的大蜜丸剂型与现代科技和消费者需求完美融合，使经典名方以更契合现代生活的方式走进大众视野。

广盛原还是中医药文化的推广者。他们精心打造了中医药五行文化园区，将复杂的中医理论形象化，还在名医汇聚的广盛原中医药文化博览荟苑，用通俗易懂的方式向大众普及中医药知识。广盛原秉持"让中医药回归为生活方式"的愿景，以"让年轻人爱上中医药"为使命，通过科普践行文化传播。同时，科技创新为中医药文化传播带来了新机遇。新媒体，如短视频、公众号等平台，让中医药文化得以更广泛、更快速地传播。广盛原制作的精美短视频，讲述经典名方背后的传奇故事，介绍药方功效和使用方法，吸引了大量年轻消费者。广盛原利用大数据分析消费者的健康需求和兴趣点，精准推送中医药相关内容，实现了从传统被动传播到主动精准营销的转变，让古老的中医药文化在现代社会焕发出生机与活力。

此外，广盛原积极践行服务升级和体验模式创新。借助互联网技术，通过远程健康管理等服务，结合经典名方为顾客提供个性化的健康方案，实时跟踪顾客的健康状态，根据顾客的体质和病症，推荐合适的经典名方产品，并提供用药指导。这种线上线下相结合的服务模式，既方便了顾客，也让经典名方在现代医疗体系中发挥更大的作用。

## • 未来展望

中医药的传承不是简单的复制，而是在传统基础上的不断创新与发展。广盛原在药材标准化、生产技术、产品包装、药品研发、管理模式等多个方面，不断探索创新之路。

未来，广盛原计划通过全球化国际临床试验（如美国食品药品监督管理局注册）推动经典名方走向世界，参与世界卫生组织传统医学标准制定，提升国际话语权，实现全球布局。广盛原还计划通过开发"AI + 经典名方"辅助诊疗系统，赋能基层中医；利用区块链技术实现处方流转与疗效追踪，强化科技赋能的数字化和智能化；通过推广生态种植道地药材，减少对环境的影响；探索经典名方在公共卫生事件中的应用（如方剂的储备与调配），实现经典名方的可持续发展。

（案例由苏文欣、李祖山、王道鹏、谢玉富、刘亿、黄宇翔等编写，徐胜、代航指导）

## 【徐胜董事长说】

经典名方不仅是中医药智慧的千年积淀，更是现代药房转型升级的核心驱动力。在中医药复兴的浪潮中，广盛原始终以"传承不泥古，创新不离宗"为理念，将经典名方的价值与药房生态深度融合，通过匠心品质、科技创新与专业化服务，助力药房从"药品销售终端"向"健康方案提供者"跨越。

经典名方是中医药文化的瑰宝，其临床验证的疗效和深厚的文化底蕴，为药房创造了独特的差异化竞争力。以亿洋连锁、贵州一树等合作伙伴为例，经典名方不仅带动中成药销售占比从12%提升至22%，复购率超40%，更通过"治未病"理念重塑用户消费习惯——从"急症购药"转向"长期调理购药"，使客单价提升35%，用户生命周期价值（life time value，LTV）增长3倍。这种价值的本质在于，经典名方以解决健康问题为核心，成为药房吸引流量、增强用户黏性、开拓增量市场的战略入口。

广盛原对品质的追求，始于对道地药材的执着。我们在恒山打造3 000亩野生黄芪原生态基地，投资1.5亿元建成现代化产业基地，确保药材无公害、无硫加工，从源头守护药效之本。同时，广盛原联合合作药房首创"五行品类规划"，以中医五行理论为基础，推出"五季营销"（如春季养肝、夏季养心），精准匹配用户健康需求。广盛原构建"五维动销体系",通过"君药[①]—爆品—季节主推—流量品—慢病品质药"的系统化策略,助力药房提升专业服务能力。例如,亿洋连锁通过道地药材溯源视频展示、康养师7天体质调理跟踪、"宝妈社群"口碑裂变,成功将经典名方从"边缘品类"升级为"战略引擎",药房单月销量突破千盒,新客转化率达60%。

我们深知,药房的未来在于"人"的专业化。广盛原联合连锁药房打造中医药康养师团队,提供"手诊、舌诊、面诊"等中医技能培训,并通过生产基地研学、慢病管理课程,培养了大批中药康养师。他们不仅能精准推荐经典名方,更能为用户定制"一人一策"的健康方案。在贵州一树,康养师团队通过"治标+治本"双维服务,使经典名方月销量从百盒跃升至万盒,实现客流量与客单价双双逆势增长,成为药房转型的标杆案例。

广盛原的愿景是让经典名方成为世界健康解决方案的"中国答案"。未来,我们将推动经典名方参与美国食品药品监督管理局国际临床试验和世界卫生组织标准制定,以区块链技术实现疗效追踪,以 AI 辅助诊疗赋能基层医疗。我们坚信,唯有以文化为根、科技为翼、用户为本,才能让中医药在新时代绽放更璀璨的光芒。

(徐胜系广盛原中医药有限公司董事长)

---

① 在方剂中针对主病或主证起主要治疗作用的药物。

## 【黄秋云专家评点】

2022年，一次偶然的机会，我在山西出差考察期间的招待餐桌上，吃到山楂丸，感觉非常好，就认真了解了一下，这才知道山西的气候条件造就了山楂和蜂蜜的优质产区，出产的山楂酸甜适中、口感软糯，山楂丸既保留了山楂的酸味，又有蜂蜜带来的甜味和香味，味道浓郁。后来山楂丸就成为了我常备的小零食。

接着我又了解了生产厂家，原来是大名鼎鼎的中华老字号品牌广盛原。我后来持续关注广盛原的基本情况，广盛原有经典名方底蕴，生产精品国药，能够精准自身市场定位，注重创新技术应用，产品具有多元化与个性化特点。此外，广盛原善于开发药食同源产品，满足消费者对健康饮食和预防疾病的需求，已经具备了大健康时代的药企特点。面对广盛原的企业实力、品牌优势和产品创新能力，我产生一种想法：经典名方这古老的中医药文化结晶及其相关的生产经营理念必将造福大健康产业。

作为一名从事中医药事业的老兵，我钦佩徐胜董事长厚道的做人、做产品的风格，也非常愿意为经典名方走进平常百姓家庭做一些力所能及的宣传科普工作。

（黄秋云系福建省中医药学会传承研究分会副主任委员、福建省福州市中医院原院长）

# 定制美丽：

## 德生堂药房开启科技美学新生态

胡珍宝、朱增智

● 核心提示：

甘肃德生堂集团作为全国著名的头部医药零售企业，多年来一直践行"科技服务健康"的企业使命，现已发展为中国领先的健康管理及健康问题解决方案提供商，专门从事药品医疗服务，具备中西医诊疗和药事能力。其业态包括线下、O2O及B2C业务模式的全渠道零售网络、互联网医院、中医诊所、综合门诊和康养中心，能为客户制定并交付基于场景的健康解决方案。门店总数超过1 300家。

复星医药是一家植根中国、创新驱动的全球化医药健康产业集团，以患者为中心，围绕未被满足的临床需求，通过自主研发、合作开发等多元化、多层次的合作模式，持续丰富创新产品线，并不断聚焦差异化、多元化、高技术壁垒的产品研发，持续提升健康方案价值。复星医药国内营销零售团队（简称"复星万邦"），责无旁贷地在零售和C端健康服务领域，用实际行动践行公司使命。

为应对行业和政策变化，更好地处理消费者未被满足的需求，经过分析和调研，复星万邦发现，在颜值经济赛道，问题皮肤的改善和颜值提升领域有巨大的潜力可挖掘。故复星万邦携手德生堂集团，共同寻找突破传统业务模式的机会，通过科技导向的医美皮肤护理，探索零售药房多元化、数智化的运营路径，以提升连锁企业的差异化竞争优势和"产品＋服务"的场景化方案价值。

邦颜与传统药房的医美产品相比，其科技美学聚焦于创新科技与美肤产品的有机融合，凭借创新的场景营销吸引消费者的目光。相较之下，药房则用单一的售卖模式为大众提供安全且有效的医美产品。邦颜巧妙地将科技美学与药房场景融合，打造出全新的体验式服务场景，在为消费者呈上专业服务的同时，也提供了优质的产品，极大地提升了消费者的体验感，让消费者无需远行，在家门口就能畅享皮肤的极致呵护体验。

- **启动合作项目**

作为中国零售药房科技美学解决方案的先锋，邦颜与德生堂集团的战略发展目标高度一致。合作的核心在于通过"科技＋美学""产品＋服务"的解决方案，重塑皮肤健康养护的服务场景，为消费者带来更加全面、高效、便捷、专业的科学健康护肤体验。

邦颜是复星万邦消费医疗类创新项目，复星万邦通过改良"皮下给药器"，研制了邦颜小分子皮肤超导仪（本文将其简称为"邦颜机器"）。邦颜机器最早被应用于临床糖尿病足的治疗，通过"TDA"透皮给药技术[①]，在治疗糖尿病足的过程中实现无接触皮下给药。

邦颜通过"邦颜机器＋功能性耗材＋家居产品"模式，形成服务和产品的组合，为不同客户提供解决皮肤问题的专属方案和专业服务。客户皮肤问题的改善只需十分钟就立竿见影，进而能即刻实

---

① 全称为无针透皮注射技术（transdermal needle-free injection），其核心是通过高压流体技术实现无创给药。

现品牌差异化和场景化的营销。邦颜提供了全新的消费体验，因而迅速获得连锁药房和用户的一致好评。

行业创新是趋势，如何将创新做成？这是龙岩董事长一直在思考的问题。龙岩董事长亲自挂帅，组建德生堂邦颜项目组，运营部、采购部、培训部和市场部等高管悉数入组，形成"一把手工程"团队。项目论证于2024年4月开始，复星万邦对此更是高度重视，将德生堂定位为集团战略客户，抽调项目研发团队、培训团队和复星万邦零售高管多次深入甘肃兰州、金昌等门店调研，为项目落地做好充分沟通和现场分析。

2024年6月20日，邦颜美白公约在金昌正式启动，龙岩董事长将战略启动会主题定为"美丽金昌有邦颜"。在启动会上，除项目讲解、员工分享以外，万邦和德生堂的项目组还立下军令状，开展门店指标认购活动，同时，双方内部筛选出第一批"邦颜美白天使"，作为门店邦颜美白公约项目第一批操作人员和德生堂未来的邦颜内部培训团队。

启动会现场开展邦颜内部体验活动。德生堂员工现场体验后，通过拍照、对比效果，很快观察到显著的皮肤状态改善。启动会上，邦颜产品的效果得到了大家的高度认可。

经过前期精心的工作准备，龙岩董事长在启动会现场对邦颜项目给予充分肯定：邦颜美白公约项目的出现，为连锁药房的多元化经营转型和服务能力升级起到很好的引领作用，德生堂将全力推广邦颜项目，让更多消费者在德生堂科技美肤的项目中体验到专业的美肤护肤服务。

项目启动仪式结束后，双方团队迅速在项目所有门店开启首轮大促活动，活动以金昌门店为主，门店提前进行精准邀约，开展以插花为主题的室内室外邦颜项目体验活动，吸引更多消费者前往门店参与项目体验。大促活动20天内，邦颜产品销售量超5 000支，销售额突破100万元，体验覆盖消费者超8 000人。

德生堂导入邦颜项目时，也面临诸多挑战，主要挑战如下：（1）"产品＋仪器"的解决方案虽好，可门店工作琐碎而繁忙，谁来为消费者服务？这是否会影响门店销售工作？（2）传统美容业需要专业美容师，且有可能出现客户投诉。药房的店员不懂美容，但到店最多的是美容业务的顾客。如何才能为消费者提供更专业的服务？（3）如何让药房和美容场景对应起来？（4）消费者会有哪些顾虑？（5）如何找到有需求的消费者？

其实，自2023年，复星万邦就在各地区（包括湖南、云南、山东、广东、浙江、四川和辽宁）做了近一年的市场测试，对中国不同地区的近500个药房试点调研。这一年来，从邦颜的专区服务到柜台服务，从厂家专人服务到门店专员服务，再到门店锁定人员服务，从新项目测试到工商战略合作，邦颜项目最终生成美白公约营销方案，主要内容如下。

（1）创新场景营销一定是未来零售药房必需的模式，药房不能依赖厂家服务，必须拥有差异化竞争能力。这样项目才具备被复制的基础。

（2）邦颜机器操作简单，机器和耗材与门店手机捆绑，实现智能物联。消费者即学即会，自己也能操作，充分体现线下场景营销的价值。

（3）一线店员既是服务者又是需求者，门店通过员工体验建立口碑营销的基础，同时厂家投入大量体验装，配合门店邀约体验，顾客转化率维持在60%以上。

（4）通过线上传播，将门店运营成时尚爱美一族的打卡地，将药房的年轻化、时尚化和专业化做到可体验、可评价。

（5）邦颜美白公约将DOT[①]管理做成浪漫的"美白宣言"，借助"悦己""独立"思想，倡导健康科学生活方式，将消费者的皮肤解决方案按4周、12周、24周三个周期设置，实现药房颜值经济的崛起和消费者形象管理提升，使用户复购率和满意度提高。

双方快速执行项目落地。在邦颜落地过程中，德生堂从多个维度发力，全方位提升了药房的专业服务水平，为消费者带来了全新且优质的体验。在专业培训方面，德生堂对店员提出了严格且细致的要求。为确保店员能够深入理解邦颜项目的产品优势和服务流程，复星万邦抽调了全国近50人组成精英培训团队，深入德生堂金

---

① 即药物治疗持续时间（duration of therapy），指患者持续使用药物的时间长度。这一指标直接影响药物疗效和疾病管理效果。

昌门店，开展一对一、手把手的专业培训和操作指导。复星万邦先后组织了共计 75 场针对邦颜项目的德生堂内部培训，让每位德生堂邦颜美白天使都能熟练掌握相关知识与技能。此外，德生堂还会定期开展科技美肤大讲堂，进一步提升店员针对美肤问题的专业素养。

德生堂深知与消费者沟通的重要性，为此，活动门店积极在朋友圈及微信群开展活动预热宣传，通过线上线下多渠道的宣传方式，向所有德生堂的客户详细介绍新品的相关信息。这种方式不仅提高了消费者对邦颜项目的认知度，还增强了他们对邦颜项目的信任度，为项目的顺利推进奠定了坚实基础。

在提高店员专业度的同时，德生堂更加注重服务质量的提升，为消费者精心打造了一套专属的肌肤焕新流程：当消费者踏入门店，店员会运用专业的仪器对其进行皮肤状态检测，并根据生成的专业报告，深入解读、分析肌肤问题，为消费者一对一定制个性化护肤方案。随后，消费者将获得 10 分钟的专业护肤体验。

进入邦颜体验专区后，专业的美容顾问会先用温和的卸妆产品，仔细地卸除消费者面部的彩妆与污垢，让肌肤回归纯净状态。接着，通过清洁步骤，美容顾问彻底清除消费者面部毛孔内的油脂和杂质，为后续护理打下坚实基础。随后，美容顾问采用高压小分子超导仪，以超音速将邦颜小分子精华液中的营养成分精准导入肌肤深层，小分子营养层层渗透，大分子成分实现肌表锁水，短短 9 分 30 秒，就能为肌肤注入满满活力。最后，美容顾问为顾客敷上邦颜同系列面膜，让其肌肤享受全方位的滋养与呵护。在整个服务过程中，美容顾问严格遵循操作标准，确保每一次服务都是安全、舒适且高效的。

在项目初期,门店考虑消费者的支付能力,推荐的 DOT 管理时长多为 4 周。但是,经过深度的消费者沟通,门店发现大家在买单时,虽看重价格,但更看重效果。当消费者按护肤效果最佳的方案使用 24~48 支邦颜产品,即使用 6~24 周,每次使用 2 支时,满意度最高。24~60 支的大单频出,大幅提升门店的营业额和毛利率。

经过不断的探索和实践,德生堂成功形成了一套科技美学与药房场景相结合的新模式。这种创新模式不仅为消费者带来了更加便捷、高效的皮肤护理体验,极大地增强了消费者的满意度和忠诚度,同时,也为德生堂自身的发展开辟了新的增长点,实现了与复星万邦互利共赢的良好局面。

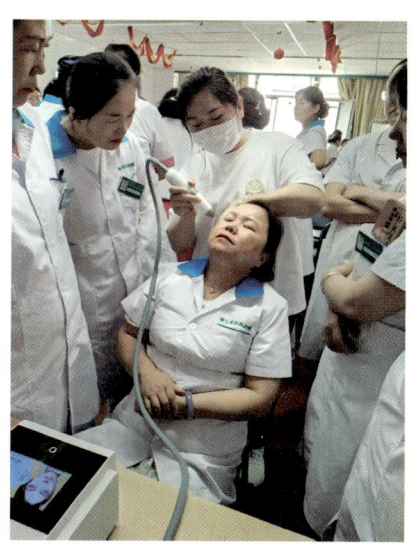 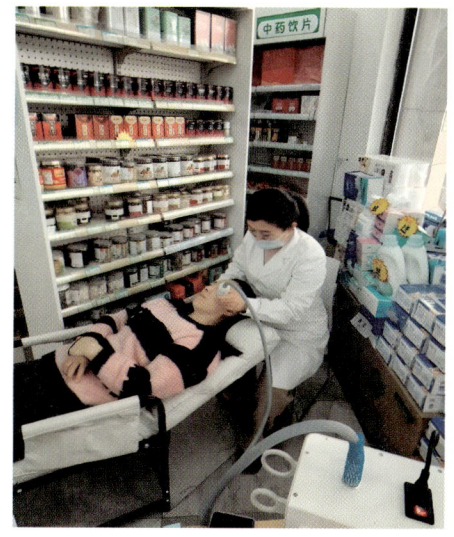

- 邦颜皮肤管理方案

邦颜为不同人群提供专业皮肤检测及一对一个性化皮肤解决

方案。例如，年轻上班族因长时间面对电脑工作，皮肤出现干燥、暗沉、细纹等问题。他们希望在忙碌的工作之余能够快速、便捷地改善皮肤状况。邦颜项目针对这一需求，提供了10分钟小分子无创超导等快捷的护肤项目，上班族可以在午休时间或下班后到附近的德生堂药房体验。专业的工作人员会先使用专业仪器对顾客皮肤进行检测，准确分析皮肤问题，如水分流失程度、油脂分泌情况等，然后根据检测结果为其推荐适合的邦颜产品，并提供相应的护理服务。对于皮肤干燥的上班族，店员通常会推荐具有强效补水功能的邦颜S6精华，并搭配S1补水面膜，帮助他们在短时间内恢复肌肤的水润光泽。

敏感肌人群的皮肤较脆弱，容易受到外界环境和化妆品的刺激，出现红肿、瘙痒、刺痛等问题，因此敏感肌人群在选择护肤产品和项目时非常谨慎。邦颜项目针对敏感肌人群，研发了温和、无刺激的护肤产品和方案。在皮肤检测时，店员利用仪器准确判断顾客皮肤的敏感程度，根据检测结果，为他们提供具有舒缓修复作用的邦颜Y系列产品进行皮肤修复，帮助缓解皮肤的不适症状，改善皮肤的敏感状况。

总之，邦颜项目通过精准的皮肤检测，为不同人群量身定制护肤方案，将产品与服务紧密结合，满足各类肌肤群体的需求，助力用户拥有健康美肌。

在邦颜的服务流程中，消费者不仅感受到了肉眼可见的皮肤状态的改善，还通过专业的皮肤数据检测与分析看到了明确的皮肤改善数据。消费者从皮肤检测结果的前后对比可以看出，不仅皮肤的缺水状态得到明显的改善，皮肤的色素沉积状况减轻，同时，皮肤的敏感程度也得到明显的降低。量化的皮肤检测数据让消费者看到了邦颜对肌肤的养护效果，也让更多的体验者对邦颜项目有信心。

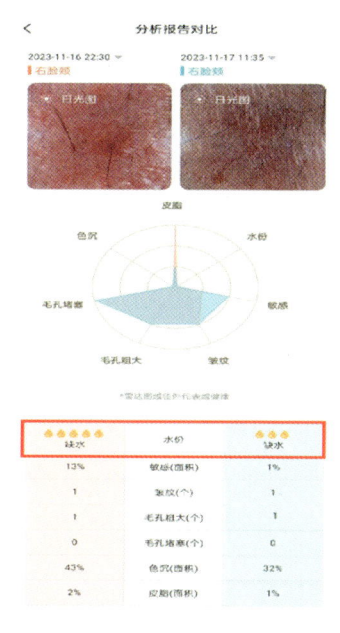

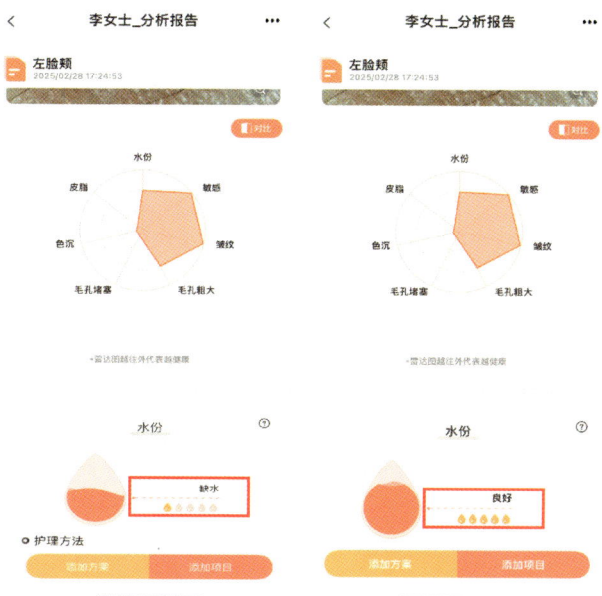

### 战略布局，领航未来

项目合作至今，邦颜项目陆续入驻德生堂共计200家门店，经过了夏季、秋季和冬季，经历了旺季和淡季。在这些不同的销售时期里，我们发现，项目的意义除了证实场景化服务和"产品+服务"的重要性，还有以下几点。

（1）50～60岁的护肤人群在逐步增加，这类人群"有钱有闲"，而且懂科学，有一定认知水平，他们能快速接受邦颜的科学护肤理念，并作为分享者和身边的人一起感受科技带来的生活变化。

（2）男士护肤需求强劲，由于他们体验过的护肤项目比较少，因此更容易表现出高满意度，也更容易养成新的护肤习惯。

（3）邦颜修护系列解决方案对红血丝问题的改善立竿见影，让德生堂科技美学的名声快速传播，使门店成为金昌时尚潮人的网红打卡地。

（4）接受邦颜项目体验的消费者，转换率在83%，复购率超过60%（因为持续有新的消费者，无法精确计算）。

以上这些收获，不仅帮助德生堂打开了场景式营销的新路径，也为复星万邦在C端的创新营销布局立起了新的里程碑，更为零售药房多元化创新营销提供了宝贵经验。下一步，邦颜还在生发、抗衰等热门赛道布局，相信德生堂和复星万邦一道，将在C端的体验式营销方向不断探索，为行业创造更多更好的案例。

复星万邦还将深化与德生堂的战略合作关系，进一步增加邦颜项目的覆盖门店数，月均销售目标要突破1万支。项目计划同步开展"皮肤检测公益行"活动、美肤沙龙主题活动等超200场，目标服务人数1万以上。通过不断优化产品和服务，邦颜计划为更广泛的消费者群体提供高效、便捷的护肤体验，进一步巩固其在零售药房科技美学领域的领导地位。

作为中国零售药房科技美学解决方案的首倡者，邦颜目前已与多家顶尖连锁药房建立深度合作关系。展望未来，万邦将继续针对市场对肌肤管理日益多元的需求，持续将零售渠道作为品牌发展的核心，进一步深化系统解决方案，通过"仪器＋产品"的创新模式，满足"家庭使用场景＋店内使用场景"的养护需求，用科技美学覆盖并影响更多的连锁药房，为消费者提供全面、高效、便捷的护肤体验。

（案例由胡珍宝、朱增智编写，李梅、龙岩指导）

## 【李梅总裁说】

随着颜值经济时代的到来，Z世代消费者中，72.3%存在周期性皮肤焦虑，而银发群体对抗衰服务需求的年增长率达41.5%。在全民爱美的当下，美肤需求不再是年轻人的专属。不论男女，青少年有痘痘问题、成年人希望更美、中年人希望有效抗衰，这种全民性的"颜值觉醒"正重塑消费医疗格局——消费者不再满足于单纯的商品购买，转而追求"专业指导＋个性方案＋持续服务"的全新体验。

如今，复星万邦也看到颜值经济爆发式增长带来的万亿级市场蓝海，以"邦颜项目"为战略支点，开启从专业治疗药品售卖者向健康美学解决方案提供者的创新跨越。我们通过改良"皮下给药器"，研制了邦颜小分子皮肤超导仪，项目从面部护理切入，同时规划了颈部护理、手部护理、养发护发、眼部护理和身体护理等丰富的颜值服务项目。邦颜项目的设计初衷是希望能够更紧密地连接C端，探索创新的场景化营销方式。

多年来，复星万邦的优立通（非布司他片）等产品在慢病四高领域市场占有率持续领跑，可伊（新复方芦荟胶囊）、杰时乐（盐酸达泊西汀）等明星产品更将构建从代谢疾病到家庭健康的防护体系。未来，为了进一步抓住颜值经济的发展机会，契合消费者对健康美丽的需求，复星万邦将持续致力于邦颜等 C 端产品的优化和产品管线的设计，做好数字化营销管理和消费者服务追踪，创新、拓展场景式营销，帮助连锁药房提升 2C 能力，搭建与消费者沟通的桥梁。

占据社区生活圈的连锁药房，凭借其专业性、即时可达性及已有的健康服务体系，天然具备转型"社区健康美学中心"的基因。而具有皮肤管理服务的药房通过专业的美肤服务，不断提高顾客进店率、顾客停留时间和客单价，这为药房突破同质化竞争提供了战略机遇。

同时，这种场景式创新营销的模式，不仅能实现顾客停留和高频服务触达，还能有效规避线上竞争。智能物联网支持系统下，系统需要通过"产品编码＋机器编码＋门店编码"三重验证才能解锁机器和产品，且设备必须处于注册地地理围栏内才可启动，确保服务必须依托实体场景完成。因此，邦颜项目在用户触达和消费闭环上建立物理限制，能够将实体药店的服务能力、场景能力、生态能力和线上业态彻底区分开来，突显实体店的优势。

站在大健康产业变革的潮头，复星万邦期待与连锁伙伴共同构建"有温度的健康美学服务生态"，让科技美学赋能中国家庭的美好生活。这不仅是对商业模式的创新，还能进一步提高店员与消费者良好交流的能力，为连锁药房带来持续稳定的客流增长。同时，颜值赛道的产品具备定期高频购买属性和高复购属性，我们希望用科技美学覆盖并影响更多的连锁药房，为消费者提供全面、高效、便捷的护肤体验，逐步培育连锁药房成为消费者心目中有温度、有情感交流，且线上平台无法替代的专业服务体验场景。

（李梅系复兴医药国内营销平台联席 CEO）

## 【龙岩专家评点】

在医药零售行业历经三十年风云激荡的今天，德生堂始终秉承"以德养生"之古训，深耕大健康产业25年，现已形成医药、医疗、康养全产业链布局，拥有1 300余家门店、5 400余名员工及超千万名会员。德生堂通过自主研发信息系统和AI技术驱动产业升级，打造"111互联网医院"及数智化仓储体系，实现线上线下全渠道融合。德生堂创新推出"家庭医生·有好方"战略，构建涵盖用药、饮食、运动等八大维度的健康管理计划，形成"医＋药＋养＋保＋健"一站式服务体系，为全民提供全生命周期健康解决方案。

面对老龄化加剧与颜值经济爆发的双重浪潮，药房行业正站在转型升级的十字路口，这既考验企业经营者的战略定力，更需要企业经营者推进产业链协同创新的勇气。复星万邦邦颜项目的落地实践，让我们看到了"科技赋能＋场景重构"破局同质化竞争的可能性，也为药房从"药品货架"向"全生命周期健康服务中心"转型提供了创新样本。

邦颜项目的创新性在于构建了"科技设备＋专业服务＋关联产

品"的生态闭环。在德生堂邦颜项目的试点门店中,我们不仅看到了消费者对邦颜项目服务的满意,也看到了客单价和进店人次的提升,同时也看到了消费者平均停留时间的延长。这种改变不仅提升了门店的坪效和人效,更重要的是重构了药房与消费者的关系——从"一次性交易"转变为"持续性服务"。这给了我们很大的信心,未来我们也期望邦颜项目能够拉动店内其他美妆个护品类和气血滋补类产品销售增长。

经过这几个月的深度合作,邦颜项目在德生堂展现出三重战略价值。

(1)消费场景再造。通过引入邦颜小分子皮肤超导仪等科技美肤设备,门店推进了从传统售卖场景向服务体验场景的转变,提升了女性客群到店占比和到店频次。更令人惊喜的是,很多邦颜用户在服务后主动咨询健康管理方案,显现出从"颜值管理"向"全面健康"的需求延伸。

(2)服务能力进化。项目实施的邦颜美白公约使店员专业服务能力发生改变。通过专业培训,员工可掌握皮肤专业知识,提高对女性顾客的沟通和服务能力,这正是"专业价值变现"的最佳体现。

(3)生态价值裂变。在顾客服务过程中,邦颜通过会员管理系统构建用户健康档案,为后续精准营销打下数据基础。我们期望在后续的服务中,创新设计一些"美丽健康解决方案包",将邦颜产品与服务和其他美妆类产品、补铁口服液、阿胶糕等产品组合销售,提高邦颜用户的交叉购买率。

邦颜项目是复星万邦的科技美肤项目,是一个很好的大健康服务载体，消费者反馈的体验感都很好。邦颜能够提供个性化的美肤方案，同时也是一种创新的营销模式。站在新的起点，德生堂将继续深化美肤领域服务能力战略布局，与复星万邦共同打造邦颜的服务，让邦颜成为德生堂专业美肤服务的新名片。

（龙岩系德生堂医药股份有限公司董事长）

# "黄芪精药房":
## 康缘营销模式创新解读

桂伟、刘舒荔、朱增智、罗财

● **核心提示：**

在竞争激烈的药房市场中，康缘依托先进的康缘现代中药制造技术，开创"黄芪精药房"营销新模式。该模式以"走进康缘"为关键举措，凭借5A级现代中药制药中心这一平台，融合科技赋能，在全国中小型连锁药房中开展高层溯源、用户体验、终端渗透等活动，取得明显成效。药房忠实会员也被邀请共同参与沉浸式体验，见证现代科技融入中药生产全流程。

中国工程院院士、江苏康缘药业股份有限公司董事长肖伟作为全国人大代表，在每年的两会期间都会呼吁全社会重视古代中药经典名方。2025年，他再次提出，对于经典名方，不仅要"唤醒"，更要"焕新"——在基础研究、现代生产工艺技术、质量标准、症候与适应症描述、慢性病防治、医院备案名单等方面，国家政策层面要大力支持，品牌中药企业则要扎扎实实，加大对传承创新的投入，为"做大产品、做大品牌"提供强大的技术支撑。与此同时，关于品牌中药的市场营销方向，早在2018年，肖伟董事长就特别指出，"到广阔市场去，占领基层终端"。遵循肖伟董事长的指示，黄芪精产品市场负责人桂伟带领其团队加快与全国基层区县零售药房合作布点，在服务基层终端和社区居民健康的过程中，创立了"黄芪精药房"营销新模式，初步取得多方共赢的成绩。

## ● "三会"

康缘"黄芪精药房"营销模式的设计中,只要合作过程需要,康缘就与各药房适时开展"三会"。

### (一)A会:高层溯源——从智能制造看中医药传承

康缘邀请药房负责人及核心管理人员(3～4名)前往康缘药业。来宾们踏入这座融合传统与现代的制药基地,深入溯源中药智能制造流程。从在源头严格筛选中药药材,到现代化生产线的精密运作,再到成品的质量检测环节,全流程透明公开。在参观过程中,来宾们沉浸式感受康缘企业文化,深刻体会企业传承中医药文化的使命感与持续创新精神。"一把手工程"模式促使药房与康缘达成战略合作意向,为后续产品推广与深度合作筑牢根基。

### (二)B会:用户体验——培育核心用户

康缘邀请药房销售精英带领药房消费者代表走进企业。消费者亲身见证中药制造从传统迈向现代的革新历程,打破以往对药品生产粗制滥造的刻板印象,直观感受现代科技如何赋能中药生产工艺。在参观过程中,消费者深入了解康缘从选用优质黄芪,到运用先进提取工艺最大程度保留药材有效成分的全过程,逐渐建立起健康品意识,认识到康缘黄芪精不仅是一款药品,更是提升健康品质的优质选择。药房一线员工同步随行学习,将这些直观体验带回日常工作中,为后续销售工作提供有力的认知支撑。

### (三)C会:终端渗透——品牌信任价值转化

康缘与连锁药房在药房当地开展用户答谢活动。活动现场集中展示康缘现代中药全系列产品,播放消费者走进康缘的视频集锦,同时,活动邀请已参观过康缘的消费者上台分享,讲述他们的参观见闻以及使用康缘黄芪精的真实效果。这些消费者的亲身故事,让更多用户认识到连锁药房选择合作的康缘是一家大品牌。药房借此机会进一步塑造高品质企业形象,增强用户对药房及康缘产品的信任度,吸引更多潜在消费者选择康缘黄芪精,形成口碑传播与销售增长相互促进的良性循环。

A、B、C三会层层递进,从药房合作、消费者认知革新到终端市场口碑塑造,全方位提升康缘黄芪精在药房的营销效果,为中药产品在现代市场的推广提供了创新典范。

## • 回元欣药房:合作多赢范例

回元欣药房与康缘的深度合作,堪称"工零合作"样板。在合作过程中,双方坦诚相见,共同探索出一条独具特色的发展路径,不仅推动产品销量飞跃,更为行业合作提供了新思路。

回元欣药房积极选派员工参与"走进康缘"活动。在康缘,回元欣员工深入了解康缘的历史、生产工艺与研发实力,尤其对明星产品——康缘黄芪精的认知实现了质的飞跃。他们目睹了黄芪从原料筛选到成品出厂的严苛流程,明白了产品品质的根源所在。员工回到门店后，学以致用，全力打造康缘黄芪精专属展示区。同时，回元欣员工借鉴"口碑模式"与"博主模式"，进一步拓展销售渠道与推广路径，利用在康缘学到的专业知识，像微商一样通过线上社交平台，如微信朋友圈、抖音等，分享康缘黄芪精的产品特点、功效以及自己的实地体验感悟，吸引线上潜在客户咨询下单。员工还参照直销模式对产品讲解与客户服务的重视，在门店及线上服务中，为顾客提供一对一、精准化的产品介绍与健康建议，以专业、贴心的服务赢得顾客信任，全方位提升康缘黄芪精的市场影响力与销售业绩。

这一创新模式成效显著，迅速引发回元欣药房内部关注。药房高层高度重视，组织20多家门店的负责人，选派优秀代表前往康缘参观学习。代表们实地考察后，纷纷被康缘黄芪精的魅力征服，转化为忠实粉丝。在日常营销中，他们积极分享体验，通过口碑传播，吸引更多顾客。

数据最能说明问题。合作前，康缘黄芪精在回元欣药房每月销量仅700～800盒，经过1～2个月的模式转化，该商品销量飙升至8 000多盒，营收额增长了10倍。这一成绩不仅意味着销量的提升，更意味着品牌影响力的扩大。更值得一提的是，回元欣药房的店员成功转型。他们不再是传统意义上的推销员，而是化身在真实世界里体验式消费的"博主"。店员们亲身体验康缘黄芪精的功效，以自身感受为出发点，向顾客分享使用心得，为顾客提供专业、贴心的服务。这种基于体验的营销方式，极大增强了顾客的信任感，促进了产品销售。回元欣药房与康缘的合作，实现了品牌推广、产品销售与员工成长的多赢局面。

回元欣药房作为福建省龙岩市连城县门店数最多的连锁药房企

业，其董事长罗财指出，当前与康缘合作推行的模式已初显成效，且收获颇丰，团队正乘胜追击、持续发力。在合作过程中，回元欣药房与康缘秉持着资源共享、优势互补的理念，共同精进。康缘充分发挥自身优势，精心接待一批又一批参观的体验者，带领他们深入了解产品的研发历程、生产工艺以及背后深厚的中医药文化底蕴，让体验者全方位感受现代中药的魅力。而回元欣药房这边也积极制定并落实一系列激励政策。通过设立具有吸引力的销售奖励、晋升渠道等措施，充分调动员工的积极性，鼓励员工深入挖掘自身销售潜能，主动学习产品知识，提升服务质量，更好地向顾客推荐康缘的优质产品。

罗财坦言，虽然现阶段合作成果显著，但后续仍有较大的优化提升空间。一方面，在如何吸引更多顾客前往厂家体验的问题上，药房需要进一步拓展宣传渠道、创新宣传方式，比如利用线上直播、社交媒体推广等手段，扩大活动影响力，吸引不同年龄层次、不同消费群体的关注，让更多人有机会参与到体验活动中。另一方面，为了将销售闭环打造得更大、更持久，药房还需从完善售后服务、建立顾客反馈机制等方面入手。通过定期回访顾客，了解产品使用效果，及时解决顾客问题，增强顾客黏性，促使顾客自发进行口碑传播，从而实现销售的良性循环。随着合作模式的不断优化与完善，该模式必将为现代中药品牌的打造提供更强大的助力，推动中医药行业在新时代实现高质量发展，让传统中医药在现代社会绽放出更加耀眼的光芒。

## • 不甘示弱的其他连锁药房

除回元欣药房外，其他连锁药房在与康缘的合作中也积极探索,同样收获了亮眼成果。三河市的弘济堂便是其中的代表,其与康缘的合作已走过四载。第一年,弘济堂凭借初步搭建的合作框架与双方的积极尝试,实现了康缘产品 1.3 万余盒的销售成绩,为后续合作奠定了基础。随着合作的深入,第二年,弘济堂针对市场需求,优化营销策略,加强店员培训,销售业绩攀升至 1.8 万余盒,展现出合作模式的潜力与对合作的适应性。第三年,通过进一步深化与康缘在品牌推广、产品陈列等方面的协作,弘济堂成功挖掘出更多消费群体,销量大幅增长至 2.7 万余盒,实现了质的飞跃。尽管第四年销量略有回落,达到 24 730 盒,但这一数据依旧反映出双方合作的韧性。在这四年的合作历程中,弘济堂不断总结经验,持续优化合作模式,为提升康缘产品的市场占有率贡献了力量,也为其他连锁药房提供了宝贵的经验。

浙江海宁的京昇堂在康缘黄芪精单品营销合作模式的赋能下,成绩斐然。在合作过程中,京昇堂积极运用专属展示区打造、员工体验式营销等策略。京昇堂在各门店精心规划陈列空间,将康缘黄芪精置于显眼位置,并在空间布置上融入中医药文化元素,吸引顾客驻足。员工深入学习康缘产品知识,亲身体验产品功效,以专业视角与真切感受为顾客答疑解惑,极大提升了顾客的购买意愿。京昇堂旗下 12 家门店借助这套行之有效的合作模式,短短 9 个月内,实现了康缘黄芪精的销量突破 9 800 盒的壮举。这一成绩不仅彰显了合作模式的强大生命力,也为京昇堂带来了实实在在的收益增长,更证明了该模式在不同地域、不同规模的连锁药房中具备广泛的适用性与可复制性,为康缘黄芪精及其他产品的市场拓展提供了有力支撑。

康缘黄芪精创新单品营销模式（在单品基础上更重视大健康品类集聚），为药房发展注入强劲动力。当前，中医药正在全面融入平常百姓生活，药房应积极投身其中，借科技之力，将现代中药沉浸式体验融入日常运营，让顾客从被动接收转变为主动参与，让每一位进店者都化作口碑传播的扩音器。药房与类似康缘这样的品牌厂家合作，可以获得更多收益，也能使消费者享有更高品质的健康服务。

（案例由桂伟、刘舒荔、朱增智、罗财编写，王梦宸、代航指导）

## 【康缘黄芪精市场负责人桂伟说】

如果药房只是卖药、只会卖药，而不注重"治未病"，没有"防大于治"的观念，如此，在当下医保政策紧缩、网上竞价等环境因素制约下，日子肯定越来越难过。康缘作为现代中药制备的一流企业，在强化中药质量的同时，也洞悉到市场环境因素和消费者需求的深刻变化。消费者渴求少吃药，通过中医、中药来养生、健体，力争不得病、少得病，管理好自己的健康。所以，在这种情况下，我们单纯卖药的营销模式就要改变。

《健康中国行动（2019—2030）》指出，每个人都是自己健康的第一责任人[1]。老百姓对健康管理的认知水平随着社会全方位的宣传教育，将会逐步提升，特别是新型冠状病毒感染，给了国人一次关于重视自身免疫力的教育。老百姓对大健康的需求逐年放大，我们卖药就要变成卖健康。

药房是天然的大健康流量入口，是非常值得做大健康理念教育和健康品销售的渠道。然而，专业人士才能发现"蛋糕"。多年来受政策红利保护的零售药房，上至药房经营层，下至一线店员，都有注重卖药的销售习惯，对患者大健康的潜在需求则停留在简单的关

---

[1] 健康中国行动推进委员会. 健康中国行动（2019—2030）[EB/OL].(2019-07-15)[2025-02-15]. https://www.gov.cn/xinwen/2019-07/15/content_5409694.htm

联健康产品推荐。药房依靠传统产品销售模式，忽视了专业的学习，最终导致药房在面对巨大的"健康蛋糕"时，望而不得。

康缘承载着"振兴国药，报效祖国"的企业使命，多年来注重经典名方的研发创新，积累出丰富的药食同源类中成药批文。老百姓的首选是通过品质中药来做自己身体的健康调理。康缘平台具备了满足老百姓健康需求的好产品，药房渠道又急切需要开拓大健康这片蓝海市场的专业赋能，所以可以得出结论，只需要打造一套多方共赢的专业赋能模式，为合作药房一线店员安装"掘金中药大健康"的智能芯片，康缘所提供的中药大健康产品以及健康解决方案，一定会大有可为。

（桂伟系江苏康缘药业股份有限公司品推事业部营销总监）

## 【王梦宸专家评点】

康缘药业以"三会联动"为轴心,开创性地与客户共同构建中医药全链条信任营销体系,通过高层溯源强化战略协同、用户体验重构产品认知、终端渗透激活口碑裂变,将智能制造硬实力与文化体验软价值深度融合,打通"药企—药房—消费者"闭环。

我们以员工为传播支点,借助沉浸式场景做大蛋糕,推动基层药房从销售终端升级为健康服务生态节点,既实现单品销量几何级增长,更以"工零共生"重塑行业协作范式,为中医药现代化开拓了一条"信任驱动、科技赋能、全域深耕"的破局路径。

(王梦宸系江苏康缘药业股份有限公司院外市场部总监)

PART 04

# 专业服务

# 专业培训模式：

## 漱玉系业绩增长的驱动力

左岸清、成浩、温益博等

● **核心提示：**

牟旭峰总经理所在的东营益生堂凭借专业性成为漱玉平民大药房体系内成长性最好的区域连锁药房。这种专业性是依靠十五年精心打磨的专业培训模式保障的。而当这种专业培训模式与顾客服务有机结合时，药房或许能实现对传统经营模式的卓有成效的超越，甚至可能是全面超越。

漱玉平民大药房连锁股份有限公司（简称"漱玉"）总裁秦光霞表示，在漱玉系区域连锁药房中，东营益生堂是专业性与盈利性俱佳的药房。"既然牟总能够通过专业培训让东营益生堂员工的专业性成为创造价值的根源，那么，东营益生堂经验及其专业培训模式能否在漱玉体系内扩展、被复制呢？此前，当牟总分管鲁北（东营、淄博、潍坊、滨州）并取得成功时，我们希望牟总也能在东北取得成功。"可见，由东营益生堂开创的专业培训模式已经得到整个公司的认可，并在漱玉系内得以逐步推广完善。

正如联合营销专家温益博指出，相信缘起于东营益生堂的专业培训模式，在全体漱玉人的共同努力下，一定会实现为广大顾客提供更加专业的药学服务的目标。公司未来经营业绩定能实现持续增长。

## ● 一场培训，一本教材

2017年7月19日，意大利赞邦集团（简称"赞邦"）的左岩清经理来到漱玉东营益生堂，见到了牟旭峰总经理。虽是第一次见面，左岩清经理却对牟总的传奇故事早有耳闻：他从底层一步一个脚印做起，熟知药品流通领域各个环节，学习能力极强，而且在掌管东营益生堂之初就将专业培训始终放在工作之首。但是，当左经理按照商务流程给牟总介绍赞邦与漱玉总部的合作协议以及将在东营益生堂开展的培训规划时，牟总只是默默倾听，一言不发，末了，只说一句："一起准备吧。"

一个月后，8月23日，在赞邦和东营益生堂统筹安排下，行业专家温益博老师就"联合营销：常见病主辅支防联合用药"这一主题在漱玉东营益生堂做了专题培训。左岩清经理回忆当天现场，所有参加培训的人员，无论是牟总还是普通店员，都在仔细地听讲并认真做着笔记，生怕错过任何一个知识点。当左经理悄悄来到牟总身旁，他看到牟总的笔记本上密密麻麻地记录着温老师讲解的关键点，还有牟总自己的理解。其间一整天，牟总没有离开过培训现场。

这次培训后不久，牟总根据漱玉总部采购品种和东营益生堂的产品结构，专门编著了《东营益生堂常见病主辅支防联合用药》教材，作为药房员工强化专业药学服务应用技能的参考。

### ● "全过程、全体系跟课"跟出来的专业培训

药房做专业培训不易，十五年如一日做专业培训，乃至形成一个可以复制与扩展的专业培训体系，甚为难得。漱玉东营益生堂又是如何做到的呢？

首先，这必须是"一把手工程"。一把手不仅是要长期集中精力统筹规划，更要长期亲力亲为（正如前述听课的例子）。牟总说过，不管是知名品牌厂商还是咨询培训机构的师资课程，他都会全过程、全体系跟课，确保在第一时间把好培训质量关、效用关。如果一把手把培训只交给培训部或人力资源部，没有持之以恒和全面考量的战略整合，恐怕很难形成培训合力，更不用说体系。

其次，专业培训绝不仅仅包括传授专业药学知识，还要包含鼓励员工通过培训调动学习积极性，掌握专业技能，并在为顾客服务的场景中大胆运用，进而产生实效。

再次，借助知名品牌工业或培训机构的经验与课程，是连锁药房打造具有自身特色或文化属性的专业培训体系的重要途径。漱玉东营益生堂除了与赞邦、先声药业这些品牌企业开展广泛合作之外，还与漱玉总部的商学院、山东三立教育培训机构、山东中医药高等专科学校等多家单位开展持续和形式多样的课题研究和项目合作。

专业培训搞得好不好，能检验一个企业是否真的可以成为学习型组织，"有没有内驱力"为企业发展赋能。

值得一提的是，这些年，在牟总主持下，东营益生堂已经编写

过《浅析常见病种症状及合理用药搭配》《常见疾病主辅支防联合用药》等多本内部专业培训教材，在漱玉系甚至行业内颇具影响。

• **专业培训推动药房经营管理创新**

专业培训的目的到底是什么？漱玉东营益生堂十五年的培训经历，尤其是 2015—2024 年这十年的探索给了我们一个答案，那就是推动药房经营管理创新，提质增效，力争全面升级。

2010 年以来，或许是自己对培训非常有体会，且愿意打开门庭接受知名培训机构的影响，东营益生堂在牟旭峰总经理主持下，重视引进各种各样的培训方法，大力培养公司的文化学习氛围，增强员工的学习能力。2014—2016 年，东营益生堂推出星级员工考试制度，意在激发所有员工的自主学习能力，以考核加奖励的形式推动员工自我提升。2016—2017 年，牟总组织所有店长开始了为期一年的封闭式专业培训，旨在筛选出 5~10 名公司级教官。从专业知识的考量到门店经营业绩的考核，从授课到相互评价，大浪淘沙，100 余名店长中有 5 人脱颖而出，成为公司级教官，接受牟总的亲自培养和带教。2018 年，经过层层筛选培养出来的公司级教官正式进入牟总亲自担任组长的项目组——蒲公英项目组。牟总殷切希望那些"过五关、斩六将"的专业能手，能够像蒲公英一样，以点带面，全面开花，从而自下而上推动公司的专业化发展。通过"专业提升＋实操演练＋贴柜培训"的方式，"蒲公英"的成员们把课堂上的理论知识搬到门店实际销售中，真正将所学知识转化为实际生产力，促进销售增长。一时间，这个项目组也成为业界同仁争相打探的"神秘组织"。

证明专业培训实效的是经营数据。2009 年 12 月份，牟总刚接手东营益生堂时，客品数、客单价概念模糊不清。2014—2016 年，东营益生堂明确客品数、客单价的定义之后，客品数达到 3 个，客单价达到 76 元/人。2021 年第二季度数据（赞邦荣药商学院提供）显示，全国平均客品数 3.13 个，东营益生堂 4.3 个，东营益生堂 110 家门店实现销售额 4 亿多元。2024 年，东营益生堂客品数达到 5.48 个，客单价达到 119 元/人，位于行业前列。且在人效和坪效等核心经营指标层面，东营益生堂也都名列前茅。但值得思考的是，东营益生堂的品单价却只有 20 多元，大大低于全国平均水平的 30 多元，这既代表其联合用药、关联用药的能力很强，也说明顾客在东营益生堂购药的性价比高。这也表明东营益生堂的专业培训并不只是停留在课桌上的理论学习，而是完全能为企业带来实实在在的效益的关键环节。

现在,蒲公英项目仍然是公司的"一把手项目",且早已在东营益生堂"落地生根"。其他连锁企业争相效仿,却很难复制这一模式。但在漱玉体系,一直有向东营益生堂学习取经的呼声,牟总也毫不吝啬,毫无保留地将蒲公英项目带到分管的漱玉鲁北"战区"及东三省区域,力求实现成功复制。

无论什么行业,学习能力永远是企业不断发展进步的内驱力,也是企业能够在行业内站稳脚跟最重要的"基因密码"。早已悟透这一点的牟总力争要将专业化培训做到极致。极致的专业化培训其实就是一种持续不断的自我超越:超越药房经营管理部门的固有职责范围,打破人才发展的条条框框。如何做到全面超越,包括超越绩效考核的商业考量等,牟旭峰不无谦逊地说,所有的超越都是持续探索的过程,他和东营益生堂一直在路上。

目前,东营益生堂在慢性病、医美、小儿推拿、中医诊疗、正骨保健、中药养生等多个领域都有专业化人才,能够基本满足顾客的健康需求。

- 专业培训与顾客服务结合赢未来

开展专业化培训的目的是什么?除了满足企业本身的商业性

指标，站在顾客立场，是为更多人提供具有药学根基的健康服务、健康知识、健康教育。或许这也是所有药房人的一个梦想。

东营益生堂创立之初，牟总便设定了"天道、师道、孝道"的企业文化。"天道，尊顾客于心，利他思维，做好服务；师道，抓专业学习，问病售药，跟踪回访；孝道，关爱老员工，激发热情，做榜样人"。今天来看，"三道"精神对内部员工甚至外部顾客，都是一个道理，都指在遵守"道"的前提下，强化"内功"（专业培训），服务他人，收获人心。

为更好服务顾客，药房专业培训今后可否扩展到不同圈层、不同地域，触及更广泛的顾客群体？药房专业培训今后能否在为顾客提供更便利的购物环境、服务项目、健康体验等方面取得新的进展？这两点非常值得期待。

牟旭峰认为，药房专业培训不仅仅局限于疾病种及用药知识培训，还应该包括医疗器械、美妆护肤、养生食疗、理疗按摩等泛健康领域的专业化培训。2025年年初，根据漱玉的专业化发展战略，牟总在心中形成了一个更加广泛、深入的专业培训扩展提升思路，并随即成立了对应的项目组，从专业的角度出发，将解决顾客的健康需求放在工作的第一位。

正如漱玉董事长李文杰指出，漱玉扎根大健康产业，要运营好线上线下全渠道服务平台，完善"医、药、美、康、养、险"泛生态圈布局，东营益生堂作为漱玉全资子公司，牟旭峰总经理肩负重任。如何用现在已经成效卓著的东营益生堂专业培训体系，为整个漱玉系药房进一步拓展健康服务领域，创造并赢取新的未来？这是一个新的方向，也是一个新的考验。

（案例由左岸清、成浩、温益博等编写，牟旭峰、代航指导）

## 【秦光霞总裁说】

毋容置疑，在漱玉系区域连锁药房中，东营益生堂是专业性与盈利性俱佳的药房。牟旭峰现在是公司副总裁，同时作为东营益生堂经营负责人，他无疑是漱玉系极为难得的一员大将，名副其实的干将！

作为总部在山东却必须面向全国扩张发展的上市公司，这些年漱玉没有忘记扎根本土、做强本土的初衷。而唯有专业，才是做强本土的根本。这在牟总带领的东营益生堂专业化服务团队里，得到了最有力的体现。

既然牟总能够通过专业培训让东营益生堂员工的专业性成为创造价值的根源，那么，东营益生堂经验能否在漱玉体系内扩展复制呢？当牟总分管鲁北（东营、淄博、潍坊、滨州）并取得成功时，我们希望牟总也能在东北取得成功。同时，我们也相信这种逐步扩展的战略举措，既是人才锤炼的方法，也是漱玉系在全国稳健扩张需要采取的方法。

由此，我想到，在漱玉二十多年兼容并蓄的成长壮大历程中，有没有驱使漱玉人不断前行的"基因"呢？譬如，旺盛的学习力、对专业性的不懈追求等。我个人觉得，漱玉的成长基因一定是存在的，这非常值得我们从不同的视角去挖掘、发现、分享、总结。

感谢案例编写组的专家和作者,让我们有机会在实践中总结一些好的做事经验和方法,从而实现知行合一,把药房经营管理工作做得更好,让专业服务更上一个台阶,使药房为本地顾客的健康生活尽心尽责,全力以赴。

(秦光霞系漱玉平民大药房连锁股份有限公司总裁)

# 【温益博专家评点】

  2017 年下半年，在意大利赞邦制药集团和左岩清女士的安排下，我两次走进漱玉东营益生堂，主要为公司高管、店长开展"联合营销：常见病主辅支防联合用药"专题培训，针对"点名购药"和"问病询药"两类门店常见药学服务流程、宗旨进行了专题讲解。出乎我意料的是，时任总经理的牟旭峰先生围绕药学服务这一主题，组织公司相关部门将课程内容及前期积累汇编了专题教材——《东营益生堂常见疾病主辅支防联合用药》，还联合先声药业等知名品牌企业和其他专业机构，对员工进行了科学、系统的多轮次复训、考核，最终实现了东营益生堂客品数、客单价及经营业绩的持续增长。2024 年，漱玉东营益生堂的客品数达 5.48 个，客单价达 119 元——透过这两个简单的经营数据，可以洞察漱玉东营益生堂傲人的经营业绩背后是对专业药学服务的重视、对药房经营使命的坚守。

  联合营销主要的目的是提升顾客药疗效果，其次是提升销售额和利润，这是药学服务的根本。所有的方法都是这一宗旨的衍生品。漱玉东营益生堂可能就是把握住了这一关键，并将其具体化、方法化、动作化，最终实现了如今几项关键经营指标的快速提升，客品数在全国同行业内遥遥领先，客单价相对较高，而品单价却低于行业平均水平。东营益生堂用事实数据让消费者体会到，它最专业却更便宜、疗效更好、更为患者着想。由此，顾客和利润自然"不召而自来"。

2024 年年末，受李文杰董事长和秦光霞总裁的邀请，我又两次走进漱玉总部，为公司专职、兼职讲师和鲁中"战区"核心骨干讲授"联合营销与药学服务升级"，期待将这一技术在漱玉平民体系广泛推广。我坚信，在文杰董事长和光霞总裁的带领下、在牟旭峰副总裁这样一批漱玉有为干将的推进中、在全体漱玉人的共同努力下，漱玉体系会从内部员工的专业培训开始，为广大顾客提供更加专业的药学服务，公司未来经营业绩定能实现持续增长。

（温益博系中国医药物资协会研究院药房所专家、

卡思普蒙医药科技有限公司董事长）

# 药房骨健康服务新模式

何毅、苏文欣、宋泓耀、李志锋、吴文佳等

● **核心提示：**

骨健康服务项目作为推进药房慢病管理的重要抓手，这几年其在药房的落地实操中备受行业关注。正如该项目的重要推手易军校长所言：骨健康项目的价值就在这里，该项目短期能深度服务顾客，增加顾客满意度，提升客单价和毛利率，长期能培育高价值顾客。药房也可利用骨健康项目的植入，改变员工的顾客接待模式，提升员工专业素养与职业荣耀感，摆脱药房对医保的依赖，搭建企业的专业训练体系，举一反三地优化各品类结构，完善标准化的营运执行体系，真正做到一点突破，全面繁荣。

湖南诺舟大药房（简称"诺舟"）自2020年引进骨健康项目以来，经过五年的深耕与运营，该项目已实现直营体系门店全面覆盖，且这些门店员工全员均具备骨健康专员资质。诺舟拥有超4000名高价值会员，每年为约4万名骨病患者提供服务超过10万次。骨病患者的综合贡献率达到35%，其中关联贡献占比超过20%。为了进一步提升患者的体验感和依从性，门店特别设立了免费理疗区，配备远红外理疗灯、低频理疗仪、按摩锤等专业设备，为患者提供更加贴心的康复支持。

甘肃至仁同济大药房（简称"至仁同济"）在 2024 年 8 月引入骨健康项目后，据总经理李志锋介绍，截至本案例编写时，其骨健康专员人数已达 230 人，骨健康门店数量 96 家（占总门店数量 100%），服务患者 18 470 人，共计 42 190 人次。骨病患者人群综合贡献率为 40%，关联贡献占比 11%。目前，至仁同济的骨病检测康复理疗设施设备比较齐全，主要包括拔罐器、按摩仪、筋膜枪、按摩床、经络人模型、导光仪、TDP 治疗仪等，都免费给顾客使用。骨健康项目虽然起步晚，但至仁同济高度重视其扩展与衍生，对该项目的推广速度与力度都非常大，推广效果也非常明显。

## • 以"痛"为切入点，创建骨健康服务新模式

骨疾病作为一种常见的退行性病变，具有广泛的人群基础。随着现代生活方式的改变，手机、平板等信息化工具的密集使用，骨疾病的发病群体越来越年轻化，此类疾病不再仅仅是老年人的"专属"。骨疾病患者的痛感往往较为明显，这成为了药房业务的一个关键切入点。如果药房能够精准地找到患者的痛点，并采取有效的措施缓解其不适，就有可能打破顾客在选购商品时对品牌或厂家的固有依赖，迅速拉近顾客与门店之间的距离，与顾客建立良好的信任关系。

调研发现，药房在骨健康产品销售方面存在提升空间。目前，膏药等骨健康产品虽然销售量较大，但客单价较低。以100家门店为例，一个月的骨健康产品销量可达3万盒，但客单价仅在40元左右，且大多销售为单独销售，缺乏有效的产品组合和关联销售，因而该板块业务存在着巨大的提升空间。

骨健康品类具有自身独特的优势，它本身就具备一定的利润空间，且疼痛的缓解甚至解除需要时间和过程，即恢复周期。在这个过程中，如果能够引入专业的服务体系，药房不仅可以提高顾客的满意度和黏性，还能促进产品的复购，从而实现营业收入的持续增长。

基于以上的分析和思考，诺舟果断决定，以解决"痛"为切入点，深入开展骨健康管理项目。通过对骨健康的专业培训为药房赋能，将按摩手法植入、穴位贴敷、用药组合等多种方式有机结合，全方位地解决顾客的骨健康问题。同时，通过与顾客建立起深度的

信任关系，对顾客进行全价值链、全过程的管理，诺舟成功地打造出了一条专业服务带动客户销售的全新链条，为药房开辟出了一条独具特色的专业化服务道路。

## • 麓辰骨健康教育培训模式

要想将骨健康管理项目的培训工作做好，使其具备高度的可操作性和可复制性，确保每个药房都能够顺利地进行服务和组织的复刻，这并非易事。经过深思熟虑，诺舟所属的湖南麓辰教育特别邀请在糖尿病管理项目中表现突出的宋泓耀药师担任麓辰骨健康教育研究院院长，专门针对引进骨健康项目的药房进行系统的教育培训。

"在别人下功夫的地方，你功夫下了吗？在别人不下功夫的地方，你下功夫了没有？"麓辰教育始终牢记这一理念，将其贯穿于课程体系的打造过程中。这句话看似简单，实则蕴含着深刻的哲理。对骨健康培训课程体系的打造，麓辰教育秉持着精益求精的态度，对每一个细节都进行了深入的研究和精心的雕琢。他们深知，好的课程绝不限于理论灌输，还要能够真正融入客户服务的每一个瞬间，通过实际的操作和服务，让学员们深刻理解并掌握相关的知识和技能。因此，他们将培训工作细化到了极致，从课程内容的设计到教学方法的选择，从培训流程的安排到考核标准的制定，每一个环节都经过了反复的推敲和实践验证。

整个辅导周期长达 6 个月，这在连锁药房的培训领域中是极为少见的。而且，这 6 个月并不是培训的全部，而仅仅是对基础内容的复刻和演练。麓辰教育认为，培训的最终目标不仅仅是提升每个学员的实操能力,更重要的是要帮助药房建立起一个完善的、自循环的会员管理体系。这个体系能够实现对会员的精准管理和个性化服务,从而提高会员的满意度和忠诚度,为药房的长期发展奠定坚实的基础。

具体来说,整个项目培训分为五个阶段,每个阶段都有着明确的目标和重点。

第一个阶段是总部高层、片区经理的培训体验和筹备。麓辰教育深知,要想从根本上扭转药房的管理思维,首先必须改变中高层管理人员对于骨健康的固有观念。麓辰教育的负责人强调,中高层要将帮助顾客解决问题放在首位,通过有效的病种管理来稳定整个会员体系。而这个阶段成果的关键,在于药房老板对走专业服务路线的信心与决心。只有老板真正认识到专业服务的重要性,并给予足够的支持和投入,项目才有可能取得成功。

第二个阶段是自学自练阶段。在这个阶段,门店一线员工要通过观看视频、完成课后作业、练习话术与手法技能等方式,系统地学习颈椎病、腰椎病、膝关节病、肩周炎四大常见骨科疾病的基础知识以及相关的触诊手法、健康操等内容。同时,员工们还要对专业内容、技法、流程以及商品转化等方面进行深入的学习。

第三个阶段是模拟训练阶段。培训方通过面授和带训的方式,带领员工进行实操应用和案例探讨。这个阶段的重点在于考察员工解决顾客实际问题的能力,以及其是否能够按照标准话术和技能进行实操,并通过反复的训练和指导,固化服务流程、服务手法和技能,让每一位员工都能够顺利通过测试,达到相应的标准。

第四个阶段是巩固训练期。这个阶段主要对前期的疼痛管理进行巩固和深化,并导入调养管理、骨质疏松防治、后期管理方法、患者教育等内容。通过这个阶段的学习和训练，员工们能够进一步提升自己的专业水平，为顾客提供更加全面、优质的服务。

第五个阶段是会员管理阶段。在这个过程中，药房要严格遵循会员管理体系的要求，从单病种服务逐步扩展到全链路周期性管理，涉及科技养生、四季营销等季节性宣传内容。通过这个阶段的实施，药房能够建立起完善的会员管理体系，实现对会员的精准营销和个性化服务，提高会员的满意度和忠诚度。

麓辰教育骨健康研究院的宋泓耀坦言，这个过程充满了挑战。单靠药房自己去研究和实施骨健康管理项目，难度极大。一方面，药房缺乏专业的人才和技术支持；另一方面，整个体系化工程需要将医药学专业知识和运营管理体系有机地融会贯通起来，这对专业度和可行性都有着极高的要求。然而，麓辰教育凭借着专业的团队、丰富的经验和不懈的努力，成功地克服了这些困难，实现了从传统培训模式向以服务为导向的训练模式的转变。通过提升专业技能、优化服务水平、复刻流程，重点抓顾客的进店服务率、转换率及系统解决方案的有效率，该模式最终取得了较为显著的成果。

## • 药房骨健康模式实践

骨健康管理项目的出现为药房提供了一个全新的发展机遇。它不仅能够通过专业的手法迅速解决顾客的即时症状，让顾客感受到实实在在的效果，还能在此基础上，辅以营养素和调养管理等，逐步深入地满足顾客的健康需求。从除寒湿、补气血、调理脾胃等具体的养生措施，到强调医疗器械在康复训练中的重要性，骨健康管理项目从疼痛缓解、身体调理、营养素补充、器械使用以及生活方式和康复管理等多个维度，全面拓展了销售面，为药房创造了巨大的商业空间。

2020年，诺舟引入骨健康项目，历经五年的精心耕耘与持续运营，目前，骨健康项目已全方位覆盖诺舟旗下所有直营门店，并且全体员工均已取得骨健康专员资质。

目前，诺舟每年服务约4万名骨病患者，服务总次数突破10万次。在经营成效上，骨病患者的综合贡献率达35%，其中关联贡献占比超20%，高价值会员数量已超4 000名。

为了进一步提升患者的就医体验与治疗依从性，诺舟各门店专门开辟免费理疗区，配备远红外理疗灯、低频理疗仪、按摩锤等专业设备，为患者提供更贴心的康复支持。

骨健康项目作为诺舟大药房核心项目之一，与其他专科专病项目形成了紧密的协同效应。例如，骨密度检测项目为骨健康提供了科学的数据支持，帮助患者更精准地了解骨骼健康状况；中医药项目通过调理气血、强筋健骨，进一步增强了骨健康项目的疗效；

而营养素项目则为患者提供了骨骼健康所需的营养补充,如钙、维生素 D 等,从根源上改善骨病问题。此外,三高①管理项目和糖尿病防控项目也与骨健康项目密切相关,因为慢性病往往伴随骨质疏松或关节问题,多项目的联动服务为患者提供了更全面的健康管理方案。

诺舟骨健康项目负责人吴文佳对此总结,通过骨健康项目与其他专科项目的深度融合,他们不仅提升了单一疾病的治疗效果,还实现了"多病共管"的健康管理目标。这种多维度的服务模式,为患者提供了更精准的用药指导和更全面的健康解决方案,真正贯彻了"以患者为中心"的服务理念,助力患者迈向更健康的生活。

山西原平市仁爱大药房在引入骨健康管理项目后,虽然骨健康核心单品只有 20 个左右,但通过合理的产品关联和拓展,延伸出来的相关品类多达 330 个。这种多元化的产品结构,不仅能够满足顾客的不同需求,提高顾客的购买转化率,还能有效地提升客单价和毛利率,为药房带来了可观的经济效益。

江西鹰潭市昌盛大药房 2023 年 7 月引进骨健康项目后,至案例编写时已培养骨健康管理师 250 人左右,83 家门店提供骨健康服务,占其总门店数 96%(不含加盟店),通过拔罐器(气罐)和理疗灯(有利于贴膏、油剂等外用药物吸收)等专用设备,服务了骨病患者 8.5 万人次左右。该公司的三伏贴产品之前一个夏季只能卖 300 盒左右,由于骨病患者服务做得好,2024 年该产品卖出 3 万盒。公司董事长何毅专门分析道,这一变化的主要原因是员工更专业了,能认准穴位,会说出治疗原理。顾客的感受好,认可度高。

---

① 高血脂、高血压、高血糖的总称。

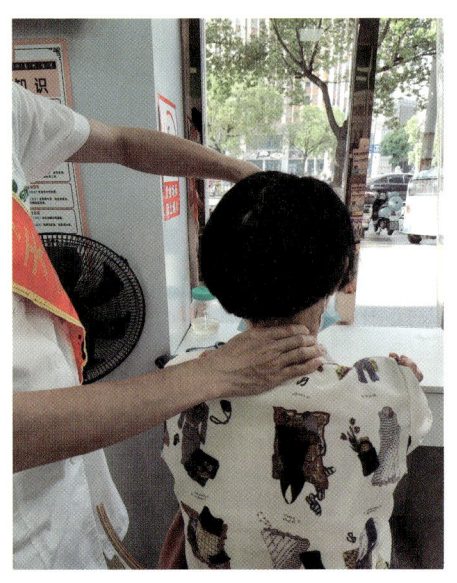
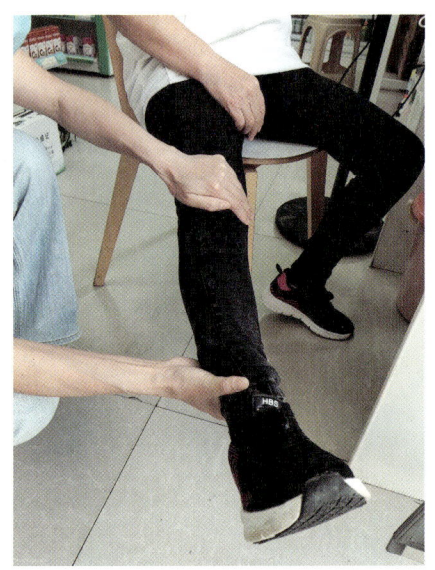

江西康每乐大药房 2024 年 9 月引进骨健康项目后，至案例编写时已培养 202 名骨健康管理师，70 家门店（占门店总数的 90%）在做相关服务，服务了 27 540 位骨病患者，骨病患者人群综合贡献率为 18%，关联贡献占比 30%。

在甘肃，至仁同济在 2024 年 8 月引入骨健康项目后，总经理李志锋介绍说，骨健康专员人数现已达 230 人，骨健康门店数量 96 家（占比 100%），服务患者人数 18 470 人，共计 42 190 人次。骨病患者人群综合贡献率为 40%，关联贡献占比 11%。目前，至仁同济的骨病检测康复理疗的设施设备比较齐全，主要包括拔罐器、按摩仪、筋膜枪、按摩床、经络人、导光仪、TDP 治疗仪等，理疗设备都免费给顾客使用。除了麓辰教育的骨健康项目之外，至仁同济还有眼视力、书法、51 种疾病关联等项目落地。骨健康项目虽然起步晚，但至仁同济高度重视这个项目的扩展与衍生，推广速度与力度都非常大，推广效果也非常明显。

上述企业领导均认为，骨健康项目能给企业带来专业赋能，且有助于门店员工逐渐改变以往单刀直入的销售模式，能让顾客坐下来，让员工有时间对顾客进行专业检测和服务，进而让员工能站在顾客的角度，切实从顾客自身需求及病症的病因出发，给出合理方案建议。通过这个项目，员工专业服务能力得到提升，开始养成慢性病接待思维，顾客的认可度也有了较大提升。此外，做得好的药房举一反三，把这个接待流程逐步借鉴到对其他病患的接待，进而全面提升了员工的专业水平和服务能力。当然，这不是一个一蹴而就的项目，需长期践行、逐渐积累，且不易复制。执行过程中也会有很多困难，每一个阶段都需要各级管理人员沟通到位、督促执行，如果未做到上下一心，很容易就半途而废。

（案例由何毅、苏文欣、宋泓耀、李志锋、吴文佳等编写，刘敏、李希林、代航指导）

## 【易军校长说】

骨健康项目作为一项兼具专业性和长期性的会员管理项目，对零售药房具有显著价值。在药房行业面临严峻挑战的背景下，企业亟需冷静分析现状，明确战略方向，制定切实可行的生存与发展策略。

当前，药房的发展困境主要源于三大因素：宏观经济环境、政策调整以及线上业务冲击。这些因素共同导致门店客流量减少、客单价降低以及毛利率下滑，进而影响员工士气。同时，药房在专业化和体系化建设方面的不足也暴露出来。

面对客流量下降的问题，单纯依赖引流策略并不可取。这种策略不仅可能加剧行业内部竞争，还忽视了对已有顾客的深度服务。因此，首要策略应聚焦于提升顾客服务质量。优质的顾客服务不仅能提高满意度，带来回头客，还能显著提升客单价和毛利率，其性价比远高于单纯引流。此外，药房的营销策略应从"以商品为中心"向"以顾客健康为中心"过渡，最终发展为"以会员为中心"的营销模式。药房要在解决顾客健康问题的同时，培养和留存高价值顾客，并通过持续积累，构建坚实的药房运营基础。

骨健康项目的核心价值在于，其短期内能通过深度服务提高顾客满意度，提升客单价和毛利率；长期则能培养高价值顾客，并推动药房在专业训练体系、员工职业素养以及品类结构优化等方面的全面提升。

然而，骨健康项目的落地实施并非易事。项目的成功需要：（1）药房第一负责人亲自挂帅，建立联动机制。（2）药房要提升项目的战略高度，并为项目让出足够的资源与时间。（3）职能部门需全力配合，确保项目负责制落实到位。（4）上层要赋予项目组打破现有体系的权利，并对结果承担绝对责任。（5）项目开展初期可采取"先僵化、后优化"的方式，确保员工在执行中逐步掌握技能。

（易军系麓辰教育集团董事长、长沙湘麓医药中等职业技术学校校长）

## 【尹东宇专家评点】

药房是具有服务业特性的零售业，过去大家的精力主要集中在药品零售方面的工作——商品管理、会员管理、卖场管理等，大部分企业的服务也只停留在点头微笑、迎来送往等顾客体验方面的环节。在很多顾客的认知中，药房只是药品搬运工，现在京东、美团等 B2C 和 O2O 平台比药房搬运得好，所以顾客就被分流了。现在药房必须重视专业化服务能力的建设，在商品和价格以外通过专业服务给顾客提供更多价值。

顾客的真实需求不是其所购买的药品，而是解决疾病问题的药物的疗效，疗效如何主要取决于精准的诊断和对应的治疗方案。而骨健康项目通过对药房进行系统全面的专科化、专业化赋能，帮助药房建立骨科常见病的专业服务体系，为顾客带来更好疗效的同时，也提升了药房的专业形象，增强了顾客认同度和忠诚度。骨健康项目通过产品和服务的组合方案提升了药房客单价和毛利，是长期稳定的业绩增长点。此外，该项目还能整合厂商的产品和学术资源，进而提升产品销量，促进上下游更加紧密的合作。

综合来看，骨健康项目是一个多方获益的好项目，希望该项目能够在更多的药房落地，从而实现持续的工—商—客共赢。

（尹东宇系中国医药物资协会研究院专家、

北京法默西管理咨询有限公司总顾问）

# "诊所＋药房"：
## 新模式引领医药零售变革

楚世涛、刘国红

● **核心提示：**

在当今医药行业同质化竞争日益加剧的当下，山西仁人和大药房（简称"仁人和"）的"连锁诊所＋连锁药店"门店（简称"药诊所"）凭借"药诊协同、中西医结合"的创新模式，通过构建标准化医疗体系实现突围发展。秉持"为人类健康服务"的企业使命，历经20年发展，仁人和药诊所完成了从传统诊所到标准化基层医疗机构的蜕变，其进阶之路为连锁药房及基层医疗机构的转型发展提供了创新样本。

## • 破局之困：基层医疗的三大发展桎梏

在推进药诊所连锁化的进程中，仁人和药诊所曾面临行业普遍存在的结构性矛盾。在实现连锁药诊所专业化、标准化的漫长探索中，也曾长期被诸多痛点所困扰，其中，最具代表性的是人才问题、诊疗标准问题以及患者信任问题。

其一，人才梯队断层。诊所内医生的诊疗水平存在较大差异，年轻医生往往缺乏系统且规范化的指导，这在一定程度上影响了整体诊疗质量的稳定性。

其二，诊疗标准缺失。缺乏针对基层常见的各类疾病（多发病、慢性病等）的标准化诊疗流程，药诊所过度依赖医生的个人经验，使不同医生对同一患者的诊疗结果可能出现较大差异，难以保障服务的一致性。

其三，患者信任缺失。随着患者健康意识的不断提高，他们对治疗方案的科学性与标准化也提出了更高的要求，这无疑给药诊所的发展带来了挑战。

二十余年来，仁人和药诊所亲历了国家医药行业改革创新的波澜壮阔，目睹了行业的兴衰更替，成为医药融合战略调整的积极推动者、医药改革深水区的先行者，并逐渐摸索出一条既符合国家政策要求，又能充分满足基层民众需要、具有自身特色的医药融合创新之路。

## ● 体系重构：五个要点驱动标准化建设

### （一）诊疗规范体系：中西医结合，有效规范

为了有效规范公司的医疗体系，为居民提供更高质量的专业化服务，仁人和药诊所可谓下足了功夫。历经整整 5 年的不懈努力，在数百位业内专家及医生的齐心协力之下，仁人和药诊所反复修订完善多次，最终编撰了 4.0 版的《中西医结合诊疗规范手册》（简称"《诊疗规范》"）。

《诊疗规范》分为儿科手册与全科手册，儿科手册包含 45 个病种，全科手册包含 78 个病种，基本涵盖了基础病、常见病与多发病。手册针对每个病种，从疾病的定义、患者临床症状与体征、疾病诊断与鉴别、疾病治疗与预防等各方面进行了详细阐述，促进医生诊疗行为标准化、规范化。

《诊疗规范》的第一个核心是诊断要点和诊断标准，只要患者症状符合某疾病的诊断要点和诊断标准，医生便可推断患者患有此疾病。

《诊疗规范》的第二个核心是治疗手段，治疗手段分为常规治疗、对症治疗和对因治疗，手册中的治疗思路明确，指导用药清晰。治疗手段还涉及医生联合用药，该手册的中医治疗部分除了引用名医经典处方，还增加了疗效明确的非药物治疗手段。此外，手册中还有日常保健指导和养生处方。

有了这本手册，药诊所内的诊疗工作有了清晰的"临床指南"。

首先，年轻医生能够依据手册中的规范步骤，快速学习并掌握常见疾病的诊疗要点，减少因经验不足而导致的失误。其次，各类病症的诊疗流程得以标准化，无论哪位医生接诊，都能按照统一的标准进行操作，最大程度地避免了诊疗结果因个人经验差异而出现的不确定性。最后，手册还能很好地满足患者对治疗方案科学性与标准化的期望，增强患者对诊所的信任度。

在应用层面，仁人和制定了医生的接诊规范（十二步接诊法）配合《诊疗规范》应用。同时，《诊疗规范》中的所有治疗方案被录入诊所 HIS 系统[1]，医生可以根据病症选择合适的治疗方案。如此，《诊疗规范》在实际应用层面能帮助药诊所快捷、高效、实实在在地解决诊疗标准化的问题。

## （二）差异化商品建设理念：以病种设置，质优价廉

仁人和药诊所差异化商品建设理念有三个核心原则，即坚持按病种设置商品，以实现商品品种的全面覆盖；坚持"一品、两厂、一规"[2]，以促进商品品种的精准聚焦；坚持低价格亲民原则，为患者带来实实在在的益处。

药诊所对商品不再一味追求齐全，配置多个厂家、多种规格的商品，而是按照病种诊疗方案的用药需求及医院治病用药的方案配置更齐全的商品。这一措施具体分两步走：第一步，调研医疗机构用药目录；第二步，专家评选适合企业的用药目录。

药诊所依托《诊疗规范》手册中的病种，经过严格研讨、筛选，

---

[1] 医院信息系统（hospital information system, HIS）。
[2] "一品、两厂、一规"指的是对药品目录中同一个通用名称的商品，原则上配置两个生产厂家；对同一厂家、多种规格的商品，原则上只配置一种规格；中成药需求会根据症型确定。

从有效性、安全性以及性价比等多方面考量后，建立商品目录，结合标准化诊疗规范的实施，患者不仅获得稳定且高质量的医疗服务，仁人和药诊所的口碑也不断提升。

## （三）一体两翼：诊所＋药房的复合业态

药诊所是"药更全的诊所"。该机构以"诊所"为主体，"诊"是核心。"药"是药诊所与其他诊所的最大区别，即其融合了"药房"经营模式。药诊所模式巧妙融合了"药房"与"诊所"双方的优势，实现了资源的共享与互补，极大地优化了患者的就医体验。药诊融合不仅为药房拓展了服务边界，确保了处方来源的合法性与规范性，开辟了多元化的盈利路径，更通过服务模式的整合与创新，极大地增强了居民对药诊所的忠诚度与满意度，实现了协同效应的最大化。

作为一种创新的医疗健康服务模式，药诊所模式以其独到的资源整合机制，在资源共享方面展现出显著优势。其一，专业服务提升是药诊所的一大亮点。通过引入专业的医疗团队，包括经验丰富的执业医师和执业药师，药诊所能够提供精准的诊断、合理的治疗方案以及个性化的用药指导。其二，对居民群体而言，药诊所模式实现了执业医师、执业药师等医疗资源的共享，这不仅最大化地发挥了资源潜力，还显著提升了医疗服务的质量。其三，合规经营是药诊所稳健发展的基石。在严格遵守国家法律法规和医疗行业规范的前提下，诊所开具正规合法的处方，解决了药房处方药来源的问题。通过提供高质量的医疗服务和便捷的就诊体验，药诊所赢得了居民的信任和好评，从而实现了药品销售和诊疗服务收入的稳步增长。

## （四）人才引擎：医生等级晋升体系

仁人和药诊所通过构建内部的医生等级评定体系，激励医生不断提升专业能力与服务水平。医生等级评定主要围绕两个维度展开：一是专业知识考核。公司于每年 12 月组织医生进行等级评定的理论考试，考核内容主要围绕诊疗规范与其他延伸专业知识设置，理论考核达标是前提条件。二是聘任条件。该项由医生的接诊量、业绩指标决定。考核会综合两项出具等级评定结果，不同等级的医生对应不同等级的薪资待遇，高等级医生不仅拥有更多的进修、学习机会及优势项目打造机会，还承担着对低等级医生培训指导的任务，以便药诊所内形成良好的内部学习氛围和带教氛围。

薪资结构上，仁人和以动态薪资为手段，打破"底薪＋提成"传统，按内部职称考试评级定薪，奖金与门店综合业绩挂钩，以杜绝过度开药现象。从跟诊、问诊再到医学院进修，系统的培养加上善待人才的理念，药诊所留住了一批专业医生，并持续在吸引硕士、博士医生加入。

## （五）诊疗标准

山西仁泽医药集团[①]在内部成立"仁和医学院"，并组织自主编写《标准化诊疗规范》六册，内容涉及全科、儿科、中医等领域，涵盖 90% 以上常见病种。在接诊服务方面，《接诊规范》将问诊、检测、回访等流程拆解成 76 项标准化动作，配合视频教学与专家带教，实现"赤脚医生手册"的现代化升级。

## • 药诊店业态模式新进展

最近这几年，医药零售行业的类似模式层出不穷。下面再补充介绍两家知名连锁药房的做法。

### （一）陕西广济堂"药房＋诊所"模式

陕西广济堂（简称"广济堂"）的"药房＋诊所"模式是其大健康产业布局的核心策略之一，该模式通过深度融合中医药服务与零售药房，形成独特的"医＋药"协同生态。以下是该模式的具体情况。

---

① 仁人和所属集团。

### 1. 模式定位与业态融合

广济堂以"中医＋中药"为核心，将传统药房升级为集诊疗、健康管理、中药销售于一体的综合服务体。其门店内设中医诊所、社区卫生服务站、国医馆等，提供中医诊疗、推拿、针灸、慢病管理等服务，同时销售道地中药饮片及健康产品，实现"前店后厂"（即前为药房、后为诊所或加工区域）的经营模式。

### 2. 服务内容与特色

第一，中医诊疗服务。广济堂聘请名老中医坐诊内科、妇科、儿科等科室，并设立名医传承工作室，定期邀请国家级专家出诊，提升患者对品牌的专业信任度。

第二，慢病管理。广济堂结合"四高"（高血压、高血糖、高血脂、高尿酸）检测设备，提供健康监测、用药指导及个性化调养方案。

第三，文化赋能。诊药空间设计融入榫卯结构、斗拱元素及"天人合一"哲学，强化中医文化体验。诊室名，如"贵生""尊生"等，则传递健康理念。

### 3. 规模化布局与区域渗透

截至 2024 年年底，广济堂旗下有 600 多家连锁药房、60 余家门诊及诊所、9 家社区卫生服务站及 3 家大型医药健康城，覆盖陕西、河北等地，该企业计划通过自建与并购进一步让业务辐射全国。2024 年，广济堂在行业里新推出"诊药连锁模式"，通过提升单店服务能力，强化区域市场竞争力。

### 4. 产业链协同与技术支撑

第一，中药质量保障。广济堂依托自有饮片厂（榆林、安国）

及种植基地，推行"全手拣无硫中药饮片"，确保药材道地性与安全性。

第二，智能化服务。广济堂引入信息化煎药系统，实现处方接收、煎煮、配送全流程智能化管理，并布局互联网医院，探索线上线下融合的远程诊疗服务。

### 5. 政策与市场驱动

在门诊统筹政策推动下，广济堂通过"药房＋诊所"模式承接处方流转需求，解决慢性病患者的购药便利性问题，同时提升客流量与复购率。其模式既响应国家中医药振兴政策，也契合消费者对"治未病"和健康管理的需求升级情况。

## （二）健之佳布局药诊店

成都成华健之佳健设诊所有限公司成立于2025年1月，是健之佳医药连锁集团（简称"健之佳"）"去医保"战略的组成部分，力求通过中医养生保健等非医保依赖型业务激发顾客需求，探索新增长点。

### 1. 完善健康服务生态

健之佳长期致力于构建以社区为核心的健康服务生态圈，涵盖药房、诊所、体检中心等业态。新公司的成立是其"从满足需求向激发需求转型"规划的一部分，旨在通过中医诊疗、养生保健及远程健康管理等服务，完善全链条健康管理。

### 2. 顺应现有市场需求

健之佳通过引入专业医疗团队和现代科技手段，提供更专业、综合的健康服务，满足消费者对预防保健和慢病管理的需求。

发展规划方面,新公司将实施以下策略:

(1)专业服务升级。结合中医文化与现代技术,提供中医诊疗、养生保健及远程健康管理等服务,强化慢病管理和健康咨询功能。

(2)区域布局深化。继2024年5月在成都成立两家中医诊所后,进一步渗透西南市场并辐射全国。

(3)行业协同竞争。参考同行(如益丰、老百姓等连锁中医馆)的布局经验,健之佳计划通过自建与并购结合的模式,提升在中医健康领域的竞争力。

(案例由楚世涛、刘国红编写,杨全柱、代航指导)

## 【杨全柱董事长说】

2004年,我怀着"让百姓看得起病、买得起药"的朴素信念,创立了首家药诊所。从第一家仅占方寸之地的药诊所到200余家大规模连锁药诊所,仁人和始终恪守"为人类健康服务"的初心,用二十年光阴专注打磨药诊所这一创新模式。

仁人和药诊所的医疗标准化体系建设及医疗品质的突破性提升,始于《诊疗规范》的诞生。回顾手册的编写历程,目录的编排、体系的构建、病种的确定,我都亲自参与。这份手册的编写集业内数百位专家的心血,历时五年。专家组数次研讨、反复论证、多次修订,以高标准、精益求精的态度不断完善,最终写出了《诊疗规范》4.0版本。这部凝聚行业智慧的手册,不仅帮助建立起标准化诊疗体系,更包含123个基层常见病种的解决方案,成为基层医生的实用指南。这种对医疗本质的坚守,正是我们构筑行业核心竞争力的根基。

面对医药零售行业的深度变革,我们始终秉持开放共赢的理念。近年来,众多同行前来交流药诊所运营经验,我不仅详述模式创新路径,更坦诚剖析走过的弯路,愿以赤诚之心为行业转型提供切实可行的解决方案。

站在新的历史节点，我坚信，唯有以患者价值为锚点，以医疗专业为基石，以持续创新为动力，方能真正实现"打造中国健康美丽管理专家"的宏伟愿景。这条路或许道阻且长，但只要我们心怀敬畏，携手同行，必将走出一条中国基层医疗服务的革新之路。

（杨全柱系中国医药物资协会副会长、

山西仁泽医药集团董事长）

## 【孟庆禾专家评点】

仁人和药诊所历经二十载,从一家发展为几百家,管理模式从简单粗放转变成标准化、规范化,成为包括儿科、全科、中医在内的全功能集成医疗连锁机构,这一成就源于企业始终秉持"为人民服务"的初心,践行"守护百姓健康"的神圣使命。在全国各地,仁人和人日夜坚守在守护群众健康的每一个药诊所。这种情怀不仅是企业的文化内核,更是仁人和精神的传承与弘扬。在杨董事长的带领下,全体仁人和连锁药诊所的同仁不懈奋斗,用自己的行动惠泽一方百姓,造福千千万万人民,可谓伟大。

在该公司战略转型的过程中,我和其他同仁一样,既是参与者,又是见证者,从理念转型、制度流程转型、再到行为蜕变,每一步都凝聚了辛勤的汗水。人才的招聘、储备、培养,每一个环节都充分体现了尊重知识、尊重人才的发展理念。"儿科做优势、全科做补充、中西医结合"的战略定位,为公司发展传统医学、推动中医药进步以及基层医疗机构的快速转型指明方向。

《诊疗规范》涵盖了基础病、多发病、常见病 100 多个病种,针对每个病种从疾病定义、临床表现、诊断与鉴别诊断、治疗与预防等方面进行详尽阐述,为基层医务工作者提供了科学依据,有效推动了基层医疗服务的标准化、规范化进程,具有重要的推广价值。我相信在不久的将来,仁人和药诊所一定会培养出一支优秀的医疗大军,这些专业化、标准化、规范化的各专业优秀人才,必将成为全国基层医疗的典范。

祝愿仁人和药诊所不断进步、蓬勃发展。

(孟庆禾系主任医师、山西白求恩医院儿科特聘专家)

PART
05

跨境实践

# 大树药局人力资源管理模式创新

吕维人 林维安 韩曙光

● 核心提示:

中国台湾大树医药已成为台湾最近10年成长最快、门店数最多、业绩最好的上柜公司[①]。在两岸医药频繁交流和日益融合期间,大树连锁药局的发展引发两岸药房的广泛关注,尤其是最近几年大树医药的布局,包括大树医药与大陆知名药房的实质性合作(如在山东与漱玉联合开设大树漱玉药房,在杭州与当地药房进行资本整合等),清晰表明两岸药房融合的空间很大。在此背后,支持大树医药快速发展的人力资源管理底蕴及其创新更加引人瞩目。

温州市布衣大药房连锁有限公司董事长郑元铜在仔细研究大树医药的人力资源管理模式后,认为,其将人力资源增长与营收目标挂钩的做法,突破了传统药企重技术、轻人才的发展惯性,符合现代医药行业"人才竞争本质是知识竞争"的行业特性。而在推行"人性化管理"原则过程中,大树医药将客诉转化为培训资源的这一创新,实现了从"制度管人"到"文化育人"的跨越,这种将负面事件正向激励化的处

---

① 指公司股票在证券柜台买卖中心提供的店头市场中发行并交易的公司。

理方式，既符合现代管理理论中"学习型组织"建设要求，又突破了过渡期管理模式中"考核经验化"的局限。其奖励制度的创设，更暗合学界倡导的"弹性工资＋年序工资"复合激励体系，兼具稳定性与竞争性。在过程指标管理方面，企业构建的"招聘漏斗式"KPI体系显著创新，如将留任率、报到率等数据纳入管理视野，精准对应了现代管理模式中"绩效评价量化、细化"的改革方向。这种将人才生命周期全流程纳入管理范畴的做法，不仅提升了人才使用效率，更形成了独特的人力资源数据资产，为智能化管理奠定基础。综上，该模式为医药行业提供了三大借鉴：一是验证了人力资源战略与企业扩张战略的协同可行性；二是开创了医药服务质量管理的新范式；三是构建了可复制的人才培养指标体系。

- 营收增长源于人力资源增长

2014—2019年,中国医药物资协会海峡两岸医药交流中心(简称"两岸交流中心")主任代航,每一次带队去宝岛台湾游学,几乎都要到大树医药在台北的总部交流互动。每一次在大树医药的会议室开会,其董事长兼总经理郑明龙都会在会上或多或少地透露一些企业经营的"诀窍"。代航清楚地记得,有一次,一位来自大陆的药房负责人问,大树是如何制定每年的营业收入增长计划的?郑董回答,他们是按照企业人力资源增长计划来制订的。他还很自豪地说,营收增长比例与人力资源增长比例如果有差异,一般不会超过1%。

都说台湾药房的精细化管理做得好,值得大陆药房学习——由此,可窥见其一斑。

## • 大树医药人力资源管理模式创新解析

人力资源管理是企业运营中不可或缺的一部分。大树医药非常重视人才招募及组织内部人才的发展，目标是提升员工绩效，并确保企业目标与人才策略相互配合。大树医药对员工招募、员工培训、绩效管理、薪酬与福利、劳资关系及员工发展进行全面规划与管理，进而达成企业整体目标。

以展店目标为范例，大树医药的年度展店成长①目标为何定在30%？这是因为大树对新人的要求高，每家门店平均要用9个月才能培养出2位新人，3家门店才能培育出一家门店所需的人力。考虑到展店量与人力的产出效率，大树医药这才设立30%这一目标。

---

① 指企业在一年时间内店铺数量或营业网点的增长情况。

良好的人力资源管理是企业实现长久持续发展与竞争力提升的关键要素。它不仅仅包括处理日常人事业务，还涉及战略性地规划人才资源，并创造让员工与企业共同成长的环境。大树医药人力资源管理的核心原则主要有以下几点。

## （一）与企业的愿景目标对齐，提早布局

确保人力资源政策与企业的愿景、使命和长期发展战略保持一致。例如，大树医药在确定未来的展店蓝图后，就提早针对药学毕业生进行招募，推进"校园征才"及实习生培训计划。

## （二）管理制度必须符合人性

在郑董影响下，大树医药上下都有一个这样的共识：合乎人性的管理，才能真正被落实。例如，在与管理处设计客诉制度时，郑董就强调，不要害怕客诉，也不要以为用重罚的制度就能避免客诉。要把客诉变成教育训练的一环，让大家了解，客诉可以协助我们的服务进化，要把客诉上报变成一种诚实奖励制度，鼓励同仁主动上报并参与改善。

## （三）重视过程指标

郑董在与干部沟通 KPI 设计时，经常说，不能只要求结果，更要重视过程。举一个例子，要为公司产出一位新人，相关部门要考虑新人的留任率、报到率、录取率，甚至邀约电话数也需要被统计，而这些量化数据，才是企业在跟进督促工作中应着重关注的 KPI 指标。

## • 全面布局背景下人力资源的挑战与机遇

随着全球化与数字化的发展，许多连锁药房开始拓展市场。然而，在市场的扩展过程中，企业在人力资源管理方面面临诸多挑战，如人才招募、法规适应、企业文化融合、数字化转型等。同时，这些市场也带来了新的机遇，如人才发展、数字化升级、多元文化融合等。大树医药在开拓市场时，在人力资源方面也遇到下列的挑战及机遇。

### （一）布局时的人力资源挑战

**1. 专业人才短缺与招募困难**

药房的核心业务涉及药品零售、处方药服务、健康管理等，需要门店具备专业的人才，如药师、医药顾问、门店管理人员等。然而，人才短缺成为企业在布局时的首要挑战。

1）药师执业资格限制

不同国家和地区的药师执照取得方式不同。例如，在美国，药师需要通过北美药剂师执照考试，而在大陆，药师则需要取得执业药师资格证，并符合当地注册要求。这意味着台湾药房无法直接将自己训练好的药师派到大陆市场，必须在当地招聘符合要求的药师，这增加了招募与合规成本。

2）大陆市场的药师缺口大

根据国家药品监督管理局（简称"药监局"）的数据，大陆执业药师增加数量目前远低于医保药房的增加数量，导致企业难以招到足够的专业人才。此外，由于一般药房的薪资与发展机会有限，许多药学专业毕业生不愿进入零售药房行业，进一步加剧了人才短缺问题。

3）门店管理人才需求高

随着药房的扩张，企业需要大量熟悉当地市场的管理人才，但在跨国、跨地区市场中，管理人才的短缺与高流动性，对连锁药房的稳定经营造成挑战。

2. 当地法规适应与合规问题

（1）药品销售法规不同。各国对于处方药与非处方药的定义不同。例如，在美国与欧洲，许多药物被列为OTC药，可以被自由贩卖，但在大陆和台湾，这些药品可能仍需凭医师处方购买，因此，企业需要调整销售策略与员工培训内容。

（2）大陆市场的监管变化。大陆医药行业监管变化迅速，如近年来推动统筹门诊与处方药网售新规。这些政策要求台湾企业快速适应，并确保员工能及时掌握最新法规，避免合规风险。

3. 企业文化与管理模式调整

跨国、跨地区药房进入新的市场后，总部与分公司的管理风格与文化存在巨大差异，可能影响员工管理与绩效考核。

（1）大陆市场的管理模式差异。大陆企业普遍采取较为集中式的管理方式，而欧美企业则更强调授权与员工自主决策。大树医药在开拓大陆市场时，要将这种文化差异考虑进去，否则可能导致同仁对新管理模式不适应，影响员工的满意度与绩效。

（2）员工价值观差异。大陆员工较重视稳定的薪资、法定福利（社保、公积金）与晋升机会，而欧美市场的员工则更看重弹性工时与个人发展空间。大树医药针对不同市场制定不同的人力资源策略，以提高员工留任率。

#### 4. 数字化转型带来的挑战

1）新技术导入与员工适应问题

大陆市场的数字化程度极高，例如阿里健康和京东健康等在线药房兴起，许多药房导入 AI 客服和智能药品管理系统。然而，大树医药员工对数字工具的适应能力有限，需要企业进行额外培训。

2）网络数据安全与隐私保护

欧美市场受到《通用数据保护条例》（General Data Protection Regulation，GDPR）《健康保险可携性和责任法案》（Health Insurance Portability and Accountability Act，HIPAA）等数据保护法规的影响，而大陆也对医疗数据安全有严格规范，如《中华人民共和国个人信息保护法》。这对大树医药跨国、跨地区经营的数据管理与 IT 系统建置提出更高规格的要求。

### （二）连锁药局的人力资源机遇

#### 1. 全球人才培育与国际化发展

1）内部轮调与国际人才培训

大树医药可通过内部人才轮调机制，将总部的优秀管理人才派遣至外部市场，提升外部团队的专业能力。

2）与当地大学合作，培养专业人才

在大陆市场，许多连锁药房与医药专业相关学校合作，提供实习与培训计划，确保人才来源稳定。这点也是大树医药一直用来培育新鲜血液的重要渠道。

## 2. 数字技术提升运营效率

1）智慧药房发展

药房运用 AI、大数据进行消费者行为分析与个性化推荐，不仅能提升销售业绩，还能减少人力需求，降低营运成本。

2）在线远程医疗服务

通过在线医疗咨询，药房可减少对实体门店人力的依赖，提升客户服务效率。例如，大陆市场已有药房与互联网医疗平台合作，实现"在线问诊＋线下取药"模式。

## 3. 多元文化融合提升竞争力

1）当地化管理

大树医药可通过当地化管理，吸引当地优秀人才，实施"当地化管理＋国际标准"的策略，即在管理架构上尊重当地文化，但仍保持国际标准的服务与质量要求。

2）跨国、跨地区市场的知识交流

透过多国、多地区市场的经营经验，大树医药可将成功模式复制到不同市场，例如，大树医药可以借鉴大陆市场的在线购药模式，将其应用到东南亚或其他新兴市场。

大树医药在评估、拓展外部市场时，考虑到会面临各种挑战，然而，这些挑战同时也会为大树带来了更多的机遇。企业若能灵活调整人力资源策略，将能更有效地布局外部市场，并在竞争激烈的国际药房产业中保持优势。未来，成功的连锁药房将不只是药品通路商，而是全方位的健康管理服务提供商，为重视健康的消费者带来更专业与全面的医药服务。

（案例由吕维人、林维安、韩曙光编写，郑明龙、代航指导）

# 【郑明龙董事长说】

随着全球化与数字化的发展，大树医药决定开拓市场，这过程必定需要其调整传统人力资源管理模式，以适应不同国家和地区的市场需求与人才环境。创新人力资源管理模式将成为提升企业竞争力与市场适应能力的关键，以下几个方面可作为创新方向。

（一）建立全球化与本地化并行的人才策略

1. 区域人才本地化

通过与当地相关院校合作，建立人才培训与实习基地，确保门店药师与管理人才的稳定供应。

2. 跨国人才轮调机制

建立内部人才国际轮调计划，让核心员工在不同市场学习，提升其全球视野与跨文化适应力。

（二）数字化人力资源管理

1. 多利用在线培训

建立数字学习平台，让员工随时随地学习，适应不同国家与地区的法规与服务标准，提高专业知识与服务质量。

2. 绩效数据化管理

利用数据分析员工绩效，协助员工自我评量，提升人力资源调配效率。

（三）建立多元文化融合的组织氛围

1. 文化适应计划

针对不同市场，建立当地文化适应培训，帮助外派员工更快融入当地工作环境。

2. 全球知识共享平台

建立内部知识管理系统，让不同市场的团队共享成功案例与营运策略，促进跨国、跨地区的合作与创新。

希望通过这些创新，大树医药能够提高人才管理的灵活度与效率，确保外部市场布局成功，并在全球竞争中保持领先地位。

（郑明龙系台湾大树医药股份有限公司董事长兼总经理）

## 【赵飚专家评点】

大树医药坚持合乎人性的人力资源管理结构的建设,这是很有意义的。人在企业工作的过程中,面对着与公司的关系、与顾客的关系等多重社会关系的建立。企业的管理需求与顾客的诉求往往会存在一些矛盾的方面。因此,我们需要回到人性的底层逻辑,思考文化体系与管理体系的协同建设,找到既能满足顾客的需求,又能符合公司的管理结构与要求的人力资源管理方案。这方面有很多可以探索与研究的方法与细节。大树医药在这方面的探索与实践值得学习研究。

(赵飚系中国医药物资协会研究院院长、云南健阵医药集团股份有限公司董事长)

# 屈臣氏：
## 创新服务模式寻突破

李惠笑、谢静儿、徐生

● **核心提示：**

屈臣氏这些年在中国（含港澳台）和海外的布局扩张，历经坎坷，却勇往直前，吸引业界关注。在服务模式上创新突破，是屈臣氏最近这两三年采取的最新举措。在香港市场，为强化健康管理服务，屈臣氏在2022—2023年推出"屈臣氏 eDr"视象医生义诊服务和"三高 GO 计划"，并专注于针对高血压、高血糖和高血脂等疾病的慢病管理。这一系列数字化升级使屈臣氏在传统零售业务之外，进一步迈向健康管理服务。在台湾，屈臣氏通过会员制度、线上线下融合、四大店型策略这三大战略，保持药妆龙头地位。

诚如陈峰主席所言：在电商和新兴品牌冲击的当下，屈臣氏所处的行业市场仍面临着亟待解决的系统性挑战，各企业应当重新梳理消费者习惯与技术兼容性问题，破解实体门店定位重构中的成本平衡难题，以应对供应链与政策风险。这都促使零售市场共同聚焦"服务创新生态构建能力"这一解决方案。当技术应用回归客户需求，当服务创新扎根区域文化，实体零售不仅能抵御数字化洪流，更能开辟出比在线渠道更具黏性的价值空间。

## ● 全球市场与区域市场：零售行业的挑战与商机

近年来，全球零售行业经历深刻变革，消费者购物方式不断演进，传统零售商受到线上电商和新兴品牌的强烈冲击。在药妆零售领域，主要趋势包括以下几点。

（1）2020—2025年，全球药妆电商市场年均增长率超过10%，线上渠道占比已从2019年的18%提升至2023年的35%。

（2）实体门店客流普遍下降20%～40%，传统促销手段（如集点、满减、打折）效果减弱，零售商利润空间进一步被压缩。

（3）药妆零售商向"健康管理中心"模式转型，提供慢病管理、个性化健康方案，推动从单纯卖产品向"产品+服务"转变。

（4）本土竞争加剧。本地连锁药妆品牌（如香港龙城大药房、台湾康是美）不断扩张，使市场竞争更加激烈。

这一背景下，药妆零售渠道普遍面临以下问题。

（1）客流下降。门店平均客流下降30%～40%，直接影响销售额增长。

（2）市场份额萎缩。部分市场（如香港、台湾）龙头零售品牌年市场份额下降3%～5%。

（3）运营成本上升。门店租金、人员成本上升，导致品牌盈利能力下降，部分区域运营费用占收入比低于6%，逼近盈亏平衡点。

（4）价格战加剧，利润空间受限。部分品牌采用低价竞争策略，但毛利率如降低至25%以下，会难以支撑营业额长期增长。

尽管如此，屈臣氏通过服务和客群管理模式创新，在香港市场实现息税前利润由亏转盈，并在台湾市场保持领先地位。

- **走向服务模式创新的动力**

屈臣氏近年来推动的服务创新，核心动力主要来自以下几个方面。

### （一）应对传统零售增长瓶颈

（1）受线上购物趋势影响，门店客流减少，企业难以维持传统的低价促销策略。

（2）仅靠 SKU 扩展或供应链优化已难以创造显著竞争优势。

### （二）提升顾客黏性，增强品牌价值

（1）价格竞争模式难以构筑长久护城河，而个性化健康管理、精准营销、数字化服务等方式，可以增强用户黏性。

（2）会员体系及健康管理服务，使顾客从一次性消费转向长期消费。

### （三）数字化转型带来的机会

（1）AI、数据分析、远程医疗等技术的发展，使健康管理与零售结合成为可能之事。

（2）线上线下一体化（如 O2O 模式）成为新的增长引擎，特别是在健康与美妆领域。

## （四）本地竞争加剧，迫使差异化模式创新

（1）在香港，屈臣氏需面对万宁（保健）、莎莎（美妆）、龙城（低价批发）、余仁堂（中药品牌专卖店）等不同类型的药房竞争者。

（2）在台湾，康是美、松本清、MOMO、宝雅、大树、佑全等品牌抢占市场份额。

## • 服务模式创新：从价格战到价值战

面对市场挑战，屈臣氏采取了一系列差异化策略，核心在于从价格竞争转向价值竞争。具体策略主要集中在以下四个方面。

### （一）从价格营销转向价值营销

通过个性化健康管理和品牌信赖感的建立，屈臣氏提升了顾客忠诚度，并强调自身不仅销售产品，还提供具备高附加值的服务。

### （二）从产品管理升级为客群管理

屈臣氏精准划分消费者群体，优化产品结构，力求提高运营效率，更好地满足各类消费者的需求。

### （三）利用 O2O 模式

屈臣氏通过提升用户体验与精准营销的方式，打破传统零售和电商的界限，实现了线上线下的深度融合。

## （四）与工业品牌共创品类战略

屈臣氏通过与各大工业品牌联合，打造独特的市场定位和差异化服务模式，避免与本地竞争者的直接价格战。

## • 香港市场突围：AI+慢病管理的数字化升级

为强化健康管理服务，屈臣氏在 2022—2023 年推出"屈臣氏 eDr"视象医生义诊服务和"三高 GO 计划"，专注于针对高血压、高血糖和高血脂等疾病的慢病管理。这一系列数字化升级使屈臣氏在传统零售业务之外，进一步迈向健康管理服务。具体表现有以下几点。

## （一）远程医疗咨询

（1）通过屈臣氏 eDr 平台，顾客可与专业医生在线视频会诊，减少前往医院排队所需的时间成本，这对慢性病患者和老年群体更加友好。

（2）在线问诊还可结合药品、保健品推荐，进一步提升销售转化率。

## （二）门店健康检测与档案管理

（1）屈臣氏在部分门店设立了专业护理站，提供20项健康检测服务，包括血压、血糖、胆固醇等慢性病指标监测。

（2）通过AI分析和大数据管理，屈臣氏为用户建立个人健康档案，进行长期健康追踪，确保用户可持续优化健康状态。

（3）会员用户可定期收到健康报告和改善建议，这能帮助品牌提升用户黏性。

## （三）个性化健康方案

（1）基于用户健康数据，屈臣氏可提供定制化饮食、运动、药品和营养补充方案，实现个性化健康管理。

（2）通过智能推荐系统，屈臣氏为顾客匹配合适的保健品和生活方式建议，从而提高复购率。

## （四）强化中医元素和服务项目

在香港，传统中医依然具有广泛的市场需求。为了进一步扩大与万宁的差异，屈臣氏在eDr平台上增加了中医问诊与针灸咨询服务，具体如下。

（1）在线中医问诊。中医医师可根据用户描述，提供中药调理建议或推荐合适的中成药产品。

(2)门店针灸理疗咨询。部分门店推出针灸、推拿、艾灸等传统疗法的咨询和预约服务,使用中西结合的慢病管理模式提升用户信任度。

● **台湾市场:增长中的变革**

尽管面临医保改革与人口负增长的双重挑战,台湾市场的药妆零售仍表现出强劲增长。2012—2022年,台湾药妆零售市场营业额增长了94%,从1 064亿新台币增至2 068亿新台币。

屈臣氏在台湾面临众多竞争对手,但仍保持药妆龙头地位,这得益于以下三大战略。

(1)会员制度。通过推出个性化折扣和积分计划,屈臣氏加强了与顾客的联系,提升了用户黏性。

(2)线上线下融合。屈臣氏聚焦电商渠道扩展,在优化App和线上商城的同时,致力于打造无缝的购物体验。

(3)四大店型策略。根据不同商圈的特性,屈臣氏精细化布局门店，为顾客提供差异化的体验。门店具体来说包括以下几类。

第一，高端旗舰店。该类门店位于核心商圈，设有美容师和药师提供高端护肤和健康体验。

第二，社区健康店。该类门店业务涉及慢病管理和健康管理，为顾客提供个性化健康服务。

第三，年轻潮流店。该类门店迎合 Z 世代的需求，引入新兴品牌和热门产品。

第四，旅游商圈店。该类门店迎合外来游客的需求，提供本地特色品牌商品。2024 年推出的"美食面膜"，以及与故宫合作的护肤品牌，都充分展示了这一点。

此外，屈臣氏开始转向数据驱动的精准营销，通过大数据和消费洞察，制定个性化的营销策略，具体如下。

（1）大数据＋消费洞察。结合市场数据和会员消费数据，屈臣氏实施精准的营销策略，提升了转化率。

（2）客群细分＋定制化营销。借鉴 MBTI 人格类型评估工具，台湾屈臣氏根据不同类型的消费者需求，提供定制化的产品和促销优惠。借鉴这一工具,台湾屈臣氏将消费者分为四类,为每类消费者匹配适合的品类组合和营销方案,具体如下表所示。

| MBTI 类型 | 消费特征 | 营销策略 |
| --- | --- | --- |
| 分析型(NT) | 注重逻辑与科技 | 提供高科技健康产品和精准营养补充品 |
| 外交型(NF) | 追求情感体验 | 通过品牌故事和互动营销增强情感联结 |
| 守护型(SJ) | 关注实用价值 | 推出家庭常备药品和基础保健方案 |
| 探索型(SP) | 喜爱新鲜感 | 强调创新产品与新兴品牌的尝鲜体验 |

尽管台湾屈臣氏在服务创新上取得了一定成果,但在各策略落地过程中仍面临诸多挑战。

(1)消费者接受度。传统消费者仍习惯门店购买模式,远程医疗、健康管理等新模式需要消耗较长时间及资金资源推广。

(2)技术与数据整合难题。在会员系统、健康档案、AI 推荐等功能的协同作用上,台湾屈臣氏仍需克服技术壁垒。此外,数据安全与隐私保护问题,影响着用户信任与数据收集效率。

(3)实体店的角色定位调整。O2O 模式的落地,意味着实体门店需从"销售中心"转型为"体验中心"或"健康管理站",但台湾屈臣氏仍需探索新的运营模式。在高租金压力下,如何在有限空间内提升单店盈利能力,这是关键挑战。

(4)供应链与合作伙伴关系的调整。与传统供应链模式相比,提供定制化健康方案需要更灵活的供应链体系。如何在与工业品牌共创品类的同时保持成本优势,是一大难点。

(5)不同市场的政策与法规限制。在不同市场,远程医疗、药品销售等政策法规差异较大,影响创新服务策略的落地。如,在香港,在线处方药销售受到严格监管。此外,台湾医保制度的变化也影响健康管理业务模式的推进。

- **创新与挑战并存，持续优化是关键**

屈臣氏在药妆零售市场中，通过服务创新提升竞争力，并在健康管理、数字化升级、精准营销等方面取得了一定突破。然而，未来要真正建立可持续增长模式，其还需克服消费者接受度、数据整合、门店转型、供应链调整等方面的挑战。

今后，屈臣氏在推进创新服务时，需要进一步强化专业背书、优化数据运营、明确线下店定位，并灵活调整本地化策略，以确保创新策略的有效落地，最终实现可持续增长。而这样看来，其还有一段较长的路要走。

（案例由李惠笑、谢静儿、徐生编写，霍佩琼、代航指导）

## 【王李珏董事长说】

广东阿康健康在推进药房和县域医疗数字化进程中，始终关注屈臣氏这类标杆企业的转型路径。

在全球药妆电商渗透率突破35%的背景下，屈臣氏选择以"健康管理中心"重构业务底盘，这与阿康健康推进的"智慧健康服务站"战略不谋而合。其香港市场"屈臣氏 eDr"视象医生义诊服务与"三高 GO 计划"的落地，本质是通过 AI 预诊系统＋智能穿戴设备＋线下服务的 OMO[①]闭环，将门店转化为"银发健康前哨站"。我们的监测数据显示，配备血压、血糖智能检测设备的社区门店，老年客群到店频次提升67%，销售转化率超行业均值2.3倍。

值得关注的是屈臣氏在台湾市场的 MBTI 人格分类营销策略，与阿康健康正在构建的"AI 健康画像系统"形成战略呼应。通过整合电子病历、穿戴设备、消费行为等18个维度的数据，我们的健康方案匹配度已实现从"千人千面"到"一人千策"的进化。特别在银发经济领域，基于步态分析 AI 算法的跌倒预警服务，使居家养老套餐复购率提升至89%。

在中医数字化创新方面，屈臣氏的智能问诊结合了舌象识别技

---

[①] online-merge-offline，一种将线上线下深度融合的商业模式。

术,这与阿康健康研发的"AI脉诊仪"均是东西方医学的数字化融合实践。特别是在慢病管理场景,我们的物联网药盒通过用药依从性监测,使高血压患者规范服药率从43%提升至81%,这一数据验证了"硬件+服务"模式在银发市场的爆发潜力。

从屈臣氏服务模式创新案例中,我们能够较为清晰地看见医药零售行业未来的三个进化方向。

(一)空间智能化

将健康检测设备与AR试妆镜等智能硬件结合,拓展空间的利用度和体验维度。

(二)数据资产化

通过学习技术构建跨机构健康数据库,做好资产变现准备。

(三)服务生态化

联合保险公司、医疗机构、技术设备、产品供应商等开发以药房专业服务为核心的生态系统,形成服务闭环。

(王李珏系广东阿康健康科技集团有限公司董事长兼总裁)

## 【陈峰专家评点】

全球零售行业正经历结构性变革，这在药妆零售领域尤为明显，屈臣氏作为亚洲最大的药妆连锁品牌，向我们展示了突破零售困境的具体参考。其服务模式创新策略，主要围绕构建用户生命周期价值、技术赋能差异化体验及防御不同市场竞争展开。精准营销的推动让他们在香港与台湾，这两个拥有着强劲市场脉搏的地区看到了差异化实践的具象体现。我们看到，在香港市场，屈臣氏以 AI 整合远程医疗、健康检测与个性化方案推荐，更加聚焦慢病管理需求。那么，在竞争激烈的台湾市场，屈臣氏探索用户画像，维持场景创新，以精细化运营与年轻化战略成功在台湾药妆市场实现倍级增长。

在电商和新兴品牌冲击的当下，屈臣氏所处的行业市场仍面临着亟待解决的系统性挑战，各企业应当重新梳理消费者习惯与技术兼容性问题，破解实体门店定位重构中的成本平衡难题，以应对供应链与政策风险。这都促使零售市场共同聚焦"服务创新生态构建能力"这一解决方案，当技术应用回归客户需求，当服务创新扎根区域文化，实体零售不仅能抵御数字化洪流，更能开辟出比在线渠道更具黏性的价值空间。屈臣氏建立的"健康管理＋数据智能＋文化共鸣"的创新三角,正推动零售从"货架经济学"向"服务生态学"跃迁。这条道路或许布满荆棘,但已然能够向市场展示商业逻辑的重塑并开辟新增长空间,创造线上线下共生生态。

(陈峰系香港中华工商总会执行主席兼行政总裁)

# 迈出药房跨境医药电商第一步

陆春林、黄文滨、狄志

● **核心提示：**

澳门永春药房作为几百家澳门药房中的一员，经营上一直比较稳定。但是，最近两年，它在跨境医药电商上快速发力，注重跨境产品引进、输出等，为澳门药房通过跨境医药电商模式突破传统市场，做出了有益探索。

在跨境医药电商的具体运作方面，澳门永春药房董事长黄辉永和高管陆春林在澳门专门设立了玉龙医疗科技有限公司（简称"玉龙医疗"），主要通过政策协同、区域合作和产业创新等多种方式，结合自身自由港地位及横琴粤澳深度合作区的发展机遇，逐步构建起独特的跨境医药电商生态。在横琴粤澳深度合作区，永春药房和玉龙医疗融入跨境电商产业园区——这里已有希音、抖音、唯品会、小红书等互联网巨头落户，共同推动直播电商等新业态在横琴发展。黄辉永信心满满地说，"我非常想通过自己企业在跨境医药电商模式上的创新，突破澳门市场容量的限制，随着中医药的全面复兴，让永春药房结交更多的朋友，在海内外赢得更多的市场机会。"

- 永春在澳门

澳门作为中国的特别行政区，以其独特的多元文化和经济结构著称。澳门药房市场同样具有其特殊性，主要服务本地居民和大量的游客。澳门有约400家药房，市场竞争激烈。永春药房作为其中之一，已经在澳门市场稳定经营15年，截至案例编写时，其旗下有35间分店，主要集中在热门旅游地区（澳门关闸口岸、新马路、皇朝区）和居民区，服务有不同需求的顾客。其主要特色在于能稳定提供多样化的健康产品和优质的客户服务，这使得永春药房在众多药房中以稳健著称。

- 保持创新活力：永春药房的发展基因

永春药房的成功很大程度上归功于其创始人黄辉永及其团队

的不懈努力和创新求变的青春活力。黄辉永，一位具有远见和青春活力的企业家，与他的投资合作伙伴陆春林等人共同推动了药房的发展。除了在居民区和热门旅游地区开设药房，他们还选择在赌场附近开设药房。这一策略看似冒险，实则经过深思熟虑。赌场区域人流量大，且游客多样，这为药房带来了稳定的客源和多元的市场需求。此外，这种布局也反映了永春药房勇于创新和适应市场变化的经营理念。

黄辉永和永春药房的同事们非常注重与内地品牌药企的合作——这其实是一种传承基础上的创新，他们认为传统中药产品及其博大精深的中医药文化，是澳门药房经营的底蕴所在，所以，永春药房一直把传统中药品类放在显眼位置，通过专柜专区陈列等营销创新方式吸引顾客。2024年，永春药房与漳龙（澳门）发展有限公司经过深入商讨，签署了长期友好合作协议，在澳门打出正品正货专柜，让消费者买得安心，用得放心。

## • 跨境突击

近年来,永春药房在跨境医药电商领域快速发力,这一举措的背后是其对市场趋势的敏锐洞察和前瞻性规划。跨境电商兴起的原因主要在于,全球化和互联网技术的发展,使跨境购物变得更加便捷。永春药房通过引进国际知名品牌和健康产品,满足了消费者对高品质生活的追求。然而,跨境医药电商的道路并非一帆风顺,永春药房在物流、关税、市场适应等方面遇到了不少挑战。通过建立高效的物流系统、优化供应链管理和加强市场调研,永春药房逐步克服了这些困难。2024年年初,达嘉维康(内地"DTP药房第一股")原港澳公司总经理狄志表示,他清楚地记得,第一次去澳门时,他先去永春药房门店交流,被门店店员的热情服务感动,然后他去了永春药房的本部,见到了黄辉永董事长。他发现,有什么样的老板才会有什么样的员工,董事长的热情一下就抓住了狄志的心,更重要的是,当狄志把达嘉维康做跨境医药电商的合作方向与永春药房团队深度沟通后,双方一拍即合,从此开始了跨境医药电商和门店私域结合的探索。后来,永春药房与达嘉维康结成战略合作伙伴关系,通过跨境医药电商把产品卖给达嘉维康门店顾客。双方反复测试,不断优化流程,力图达成销售目标。这个尝试,已经成为澳门药房与内地药房在跨境医药电商方面快速合作的一个传奇。

目前,永春药房的跨境电商业务已经初具规模,其基本业务模式包括在线销售、跨境物流和国际市场拓展。

在跨境医药电商的具体运作方面,黄辉永和陆春林在澳门专门设立了玉龙医疗科技有限公司，主要通过政策协同、区域合作和产业创新等多种方式，结合自身自由港地位及横琴粤澳深度合作区的发展机遇，逐步构建起独特的跨境医药电商生态。

在横琴粤澳深度合作区，永春药房和玉龙医疗科技融入跨境电商产业园区（这里已有希音、抖音、唯品会、小红书等互联网巨头落户），共同推动直播电商等新业态在横琴发展。此外，它们还准备通过横琴的中葡国际贸易中心，为葡语国家及"一带一路"沿线地区的跨境电商搭建平台，促进商品展示、贸易往来和数字化服务。而澳门的自由港地位和国际航空物流优势，可助力高附加值产品通过"经澳飞"销往全球。澳门不仅推动本地及葡语国家产品进入内地市场，也利用跨境电商将内地商品输往境外。这种双向市场潜力，得到政策与技术创新的支持，包括通关便利化、分线管理政策（简化跨境货物申报程序，降低企业运营成本）、数字技术应用、AI技术和直播电商支持等，这些支持成为跨境电商发展的重要驱动力。澳门特区政府还大力推动中医药特色产业与跨境电商结合，例如，横琴合作区鼓励有"澳门监造""澳门设计"标志的中医药产品通过电商出口，并简化审批流程，这为永春药房和玉龙科技的跨境医药电商未来的发展奠定了坚实的政策基础。

面对国际物流成本上升和政策不确定性，尤其是物流与市场分散化，包括永春药房和玉龙科技在内的澳门企业，还在探索新兴市场（如东南亚、中东），发展海外仓模式以降低风险。

- **政策支持下的澳门药房机会**

澳门特区政府对本地企业的支持政策为药房行业的发展提供

了良好的外部环境。特别在促进经济多元化发展和支持中小企业发展方面，政策上的扶持为药房行业带来了新的增长点。永春药房正是利用这些政策优势，不断拓展业务范围，提升服务质量，从而在激烈的市场竞争中保持领先。截至目前，永春药房已在香港、厦门、深圳以及横琴设立了多家分公司（2025年拟在日本设立分公司），加快跨境医药电商、科技发明、中医药专利产品、贴牌产品的系列化创新推广，做大公司体量。

澳门中医药学会会长石崇荣认为，澳门是现在国家推动海内外中医药融合发展的核心区，国家在政策上非常支持，出台《粤港澳大湾区药品医疗器械监管创新发展工作方案》、在横琴打造中医药走向世界的桥头堡，这些支持无疑给了澳门发展中医药产业的绝好机会。而澳门药房，以永春药房为代表，也在以敢作敢为的勇气，寻找机会、把握机会发展自己。

（案例由陆春林、黄文滨、狄志编写，石崇荣、代航指导）

## 【黄辉永董事长说】

永春药房是一家在澳门经营 15 年的本土药房。我们一直恪守澳门市场规则,守法经营,把"质量第一,顾客至上"作为永春药房的经营理念,不断创新和优化服务方式,以满足消费者的需求。同时,我们也积极响应政府的政策,探索更多的发展机会,为澳门的繁荣稳定贡献一己之力。

近年来,我们也加快了跨境医药电商新模式的探索。在此,我要特别感谢内地上市公司达嘉维康的王毅清董事长,他不嫌弃永春药房小,反而给了永春药房很多的合作、学习的机会,坚定了永春药房做跨境医药电商的决心。还要感谢中国医药物资协会两岸交流中心组织各药房频繁交流,给了永春药房更多学习借鉴的机会。我非常想通过自己企业的创新,突破澳门市场容量的限制,随着中医药的全面复兴,让永春药房结交更多的朋友,在海内外赢得更多的市场机会。

(黄辉永系澳门永春药房董事长、玉龙医疗科技有限公司董事长)

## 【代航专家评点】

我曾多次去澳门考察药房,也写过几篇文章。但是,对于永春药房掌门人黄辉永先生(大家都叫他永哥),一开始的时候,并没有觉得有多少特别之处。后来,随着接触增多、加深,我才发现,永哥之所以被尊称为永哥,是有道理的。一是他热情、热忱,无论是谁、无论是在什么时候,都可以找到他,他都会非常有耐心地给你解答任何问题。二是他兼容、厚道、务实,似乎能够让人从他身上感受到多元文化熏陶下的商业文明品格。三是他乐善好施,他帮助中国医药物资协会两岸交流中心在香港港九药房商会组织会议时,对到场嘉宾与专家的礼节,让我心生感动和敬意。

传统的永春药房虽然不大,但对其衍生的跨境医药电商和其他创新项目,我还是非常看好的。因为永哥具备青春活力,兼容并蓄。他一定会感召和结交更多的朋友,和他一起开创澳门药房的新未来!

(代航系中国医药物资协会研究院执行院长)

PART 06

党建/公益

# 神农集团：

## 党建引领企业经营管理开新局

吉立新

● 核心提示：

吉林省神农健康产业集团有限公司（以下简称"神农集团"）坐落于吉林省四平市铁西区英雄大路52号。神农集团是由马春彪、耿云瑶夫妇个人出资创办的集药品连锁销售、医疗服务、医药批发于一体的民营健康企业，现拥有四平神农大药房连锁股份有限公司（已在全国中小企业股份转让系统挂牌）、四平益邦医药有限公司、吉林省神农房地产开发有限公司三家子公司，拥有四平神农医院、四平新神农医院、四平铁东神农医院三家综合性医院和一家医院级母婴月子会所，员工总数1160人。

神农集团起步于1997年5月，最初为单体药房。2004年7月，"四平神农大药房连锁有限公司"注册，同年，连锁公司党支部成立。2005年12月，经四平市铁东区委组织部批准，连锁公司党支部升格为连锁公司党委。随着公司规模不断扩大以及集团公司的注册，连锁公司党组织更名为"中国共产党吉林省神农健康产业集团有限公司委员会"，并相继成立了工会、团委、妇女联合会、企业武装部、关心下一代工作委员会（简称"关工委"）等群团组织。公司党委下辖2个党总支，11个党支部，全口径党员210人，在册党员173人，共青团员188人。女员工占比80%，35岁以下的员工占比60%。在党建引领下，神农集团先后荣获第四届、第五届、第六届"全国文明单位"称号，集团公司党委荣获"全国创先争优先进基层党组织"称号，并获市级以上荣誉120余项。

## • 耿云瑶书记在雷锋学院

2025年3月1日至5日,中国医药物资协会"深入学习贯彻党的二十届三中全会精神书记辅导班"第一期在辽宁雷锋干部学院开班。神农集团党委书记耿云瑶作为辅导班班长,代表全班学员接受班旗并表态发言。为期四天的培训由"理论＋实践"双轮驱动,内容丰富、形式多样。在专题教学中,学员聆听了原海军工程大学政委、雷锋基金管委会执行主任高学敏等多位专家学者对党的二十大精神的深度解读,通过情景党课、现场教学、参观访问,重温了雷锋事迹,感悟了信仰力量。

培训期间,耿云瑶随中国医药物资协会党支部书记周立,专程拜访了雷锋同志生前的亲密战友乔安山老人,聆听乔老追忆雷锋故事,勉励学员"将雷锋精神代代相传"。耿云瑶表示,雷锋精神是永不褪色的精神坐标,神农集团将把雷锋精神嵌入企业党建,积极履行社会责任,践行为人民谋健康的初心使命。

## • 神农集团党建工作主要特点

神农集团发展至今已有28年，从单体药房发展到千人企业集团、从单一经营发展到拥有多元产业、从单纯的养家糊口发展到"筑梦路上有理想"，企业内的党组织，从3人党支部到拥有210名党员的企业党委，健康发展的根基，在于中国特色社会主义的肥沃土壤；发展的方向，源于企业始终高举"为人民服务"的光辉旗帜；发展的动力，源于党组织的指引和在社会主义核心价值观基础上形成的企业文化。神农集团党建的主要特点有以下三个方面：

### （一）企业领导重视给动力

神农集团投资人马春彪和耿云瑶特别注重党建的原因，是他们从当年开办夫妻小药房为老百姓上门送药的实践中体会到的，只有把老百姓的利益放在第一位，企业才有立足之地。他们从各级党委政府多年的关怀和支持中感悟到，没有共产党的领导就没有民营企业的发展，没有党组织和党员的引领作用，就没有员工队伍的凝聚力、战斗力。用马春彪的话说，党建是方向、是动力、是企业的"定海神针"，重视党建、投资党建，是最划算的"买卖"。在他们的倡导下，神农集团早在2004年就成立了党组织，之后相继成立了工会、团组织、妇联、关工委和企业武装部，依靠党群组织把方向、带队伍、聚人心、促发展，逐步形成了员工与企业之间的利益、荣誉、命运共同体。公司每年投入党建的经费不少于10万元，对基层党支部书记实行岗位津贴制度，每年为全体党员报销一定比例的书报费，还积极为党委工作出主意、提建议并积极参与到党建活动中。《中华工商时报》2011年2月15日曾以"民营企业老板也要讲政治"为题，报道过马春彪的事迹。神农集团党建工作在两位投资人的重视下，在四平市创造了"五个第一"：该企业是第一家成立党支部的非公有制企业（简称"非公企业"）、第一家党组织升格为党委的非公企业；企业拥有第一个加入中国共产党的非公企业投资人、第一个获得国家级荣誉的非公企业投资人和第一个受到中央和国家表彰的非公企业党组织。

## （二）"双责模式"赋权力

神农集团在公司领导体制上，实行企业党委书记、副书记，各级党组织负责人与本级行政领导同级同责的制度，进而做到党务工作者与行政领导职务相匹配。从党委书记、副书记、委员到基层支部书记，全部实行"一岗双责"或"一岗多责"，工会、团组织、妇联、关工委、武装部的主要负责人均由共产党员担任，做到党政职务"一肩挑"。九名党委成员在公司领导体系中都有相应行政职务，让党务工作者有职有权，做到"以职助为""以为提位"。

## （三）党群联动增合力

健全的群团组织是神农集团党建发挥作用的重要原因之一。多年来，神农集团形成了"公司有任务，党委有态度，党委有号召，群团有行动"这一党政密切配合、群团紧紧跟随、上下一心整体推动发展的工作格局。工会积极推行民主管理，落实员工知情权、谏言权、共决权，为公司赢得"全国模范职工之家"荣誉；公司团委在青年员工中广泛开展"创先争优"活动,使公司荣获吉林省"党建带团建先进单位";妇联组织创新"巾帼建功"活动,为公司赢得"全国三八红旗集体"殊荣;企业关工委因"三个联动"经验被四平市关工委确立为全市企业关工委工作品牌。

## ● 党建引领企业经营管理

神农集团以党建引领企业经营管理的主要做法概括起来就是三句话、九个字:"管自身、带队伍、促发展"。

### (一)"五项措施"管自身

**1. 抓学习,让员工素质强起来**

针对企业经营实际,安排学习题目,定时组织交流;出书办报,营造氛围,调动员工学习积极性;建立微信群,鼓励员工线上提问,并进行解答;利用门店午休和医院早会等时间组织学习。如此,既保证了学习效果,又不与经营争时间。

**2. 亮承诺,让党员形象树起来**

通过推行一系列举措,将党员置于党组织与员工群众的监督视野之中,具体要求党员作出岗位承诺,佩戴党徽,亮明身份,别上"为人民服务"胸牌。同时,设立岗位职务标牌,明确职责,以此全方位强化对党员的监督。

**3. 施导向,让党员身份火起来**

每年开展"七一"纪念活动,表彰先进典型员工,给予精神和物质奖励。此外,在党员中遴选中层干部,提升党员荣誉感和进取心。

### 4. 强管理，让组织生活严起来

严格落实主题党日活动，坚持"三会一课"制度，延伸党员管理触角，成立党员患者临时党支部，让患者参与医院管理。

### 5. 重发展，让组织队伍壮起来

严格按照党员发展标准，加强入党积极分子培养，营造信党、爱党、忠于党的政治氛围。神农集团党委2005年成立以来，共帮助174名青年员工加入党组织。

通过以上"强起来、树起来、火起来、严起来、壮起来"这"五个起来"，神农集团做到了时时体现党员作用、处处彰显党员形象。

## （二）"四个结合"带队伍

神农集团的党建活动坚持"三个有利于"原则，即要有利于员工政治和业务素质提高、有利于和谐稳定、有利于促进企业经营。所有工作做到"不与经营抢时间，不和一线争人员"。此外，党建工作还以"四个结合"带动队伍发展。

### 1. 与企业"创先争优"结合

神农集团党委坚持年年组织开展"全员创先争优十佳"评选活动，调动员工积极性，营造"比、学、赶、帮"氛围。

### 2. 与主题思想教育结合

神农集团党委坚持开展全员主题思想教育，贯彻党中央决策部署。党的十八大以来，企业党委先后开展了党的群众路线教育实践活动、"三严三实"专题教育、"两学一做"学习教育、"不忘初心，牢记使命"主题教育、党史学习教育、学习贯彻习近平新时代中国特色社会主义思想主题教育、党纪学习教育等。每次教育围绕不同主题,打出了一套党内教育的"组合拳"。

### 3. 与文明创建活动结合

神农集团党委组织了一系列文明创建活动,如"文明单位文明人"大讨论、"医患沟通"大学习、"文明小善举,引领新风尚"活动、全员拓展训练、"千里海岛大练兵"活动、"神农故事汇"以及常年开展的"神农大爱健康行,送医送药送真情"活动。每次活动后,员工都会结合个人思想实际撰写体会文章。截至案例编写时,企业党委还编印了《员工学习手册》12本,《文明创建活动简报》957期。此外,企业党委助力乡村振兴,与市委、市政府相关部门共同打造9个健康村。

### 4. 与打造企业文化融合

党委在经营实践中,不断地构思、提炼企业文化,塑造员工自觉。多年来,企业形成了"我是神农人,做事先做人,勤俭加诚信,服务为人民"的核心文化;"卖不对症的药等于卖假药"的诚信文化;"医生护士跑两步,患者心里才热乎"的服务文化;"天天学习,节节向上"的节日文化和"别把苍蝇打在白墙上"的精细化管理文化。党委特别注重发挥群团组织作用，开展丰富多彩的业余文化生活，让员工轻松工作、快乐生活。

## （三）"三重角色"促发展

2017年4月8日，时任吉林省委常委会委员、组织部部长的王凯到神农集团调研非公企业党建时说，非公企业党建关键是要融合得好，只有融合得好，党组织才有战斗力。神农集团党委在引领企业经营管理过程中，注重找准角色定位，以便全力服务企业发展。

### 1. 角色之一：创新发展的"方向盘"

神农集团党委在公司发展的重大问题上，积极参与，为公司发展把关、定向。2018年，全党开展"不忘初心、牢记使命"主题教育，企业党委总结教育成果，提出了"为人民谋健康，为企业谋发展，为员工谋福祉，为社会做贡献"的指导思想，从而确立了神农集团的初心使命。2025年2月8日，习近平总书记前往吉林视察并发表重要讲话，神农集团党委及时学习、领会精神要义，着眼企业转型创新，为公司建言献策，召开人才工作暨高质量发展委员会成立大会，将所有中高级职称人员纳入高质量发展委员会。党委在公司上下广泛开展"创新技术、创新管理、创新服务"三创活动，目前已有11项创新项目落地实施。

### 2. 角色之二：市场运营的好助手

每当市场形势发生变化、企业经营出现困难，神农集团党委必定紧密配合、积极应对，为企业经营出主意、想办法、找思路。近年来，随着国家医药改革步伐加快，市场管理趋严，企业营业额呈下滑趋势。2023年，党委提出，在所属企业内部开展"互检互查，互学互鉴"活动，依据行业标准，刀刃向内找差距，把问题消灭在萌芽之时。针对医保制度改革，党委推出具体方案，以组织机关党员每天服务一线等16条新举措助力顾客增量。

神农集团党委利用神农集团有医有药的优势，深化医药联动，以"两进三联"（"进社区、进家庭""联系高龄人群、联系慢性病人群、联系低困人群"）方式延伸医药服务，以四平市市政区划所辖79个社区为中心辐射相关人群，实现与患者手拉手、面对面，让其在家门口就能享受高质量的医药服务。

### 3. 角色之三：日常管理的参谋部

针对企业经营过程中常常处理不好眼前利益与长远利益关系的问题，神农集团党委提出把握好五个关系，即：一切行动听指挥和创造性开展工作的关系；全局利益与局部利益的关系；长远利益与眼前利益的关系；社会效益与经济效益的关系；取得经济利益与承担政策、法规以及市场信誉风险的关系。

全国卫生与健康大会以后，为落实习近平总书记关于"把以治病为中心转变为以人民健康为中心"的指示，神农集团党委又专门召开例会研究指示精神，为公司提供新年度工作思路建议，在党内外及公司上下组织讨论、征求意见，最后达成共识，确定了以"患者精神、心理和躯体疾病康复"为中心，实施"路径化、个性化、亲情化、精细化"服务。为让"一中四化"总体思路落地，党委还开展了"向世界最好的医院学管理"活动，动员全体员工人人学会管理、接受管理、参与管理，提出"三个管理同步走，三个效益（社会效益、经济效益、员工收益）同兼顾"的指导意见。

神农集团把上述管理相关内容概括为"14533"管理方略，并编印了《14533管理方略》员工学习手册作为企业长期稳定的指导方针。

● **新的探索**

走进新时代，非公企业已成为社会主义市场经济的重要组成部分，加强非公企业党建对巩固党的执政基础、推动企业健康发展和民营企业家健康成长具有深远意义。对神农集团而言，新时代党建面临的挑战主要有：

第一，在组织建设方面，神农集团已达成全面覆盖的目标，但由于专业技能、岗位分工等原因，党员分布受到限制，党员覆盖面存在空白。

第二，民营企业人员调整频繁，流动党员现象将持续存在，给党员教育管理带来一定困扰。

第三，基层党务工作者政治业务素质相对薄弱，缺乏融合党建与企业经营的能力。

第四，企业党委自主发展的新党员占比较大，继承和发扬党的优良传统还有很长的路要走。神农集团党委需要积极探索新的路径与方法，实现党建工作与企业发展的深度融合。

创新探索新时代非公企业党建工作路径，需要从以下几个方面入手。

（1）完善群团组织建设。建立横向到边、纵向到底的组织架构。强化党群共建，通过群团组织延伸党建工作触角，保证党的声音和主张落实到基层，直抵员工内心。

（2）引入"智慧党建"，完善流动党员教育管理机制。建立流动党员信息库，及时掌握党员的流动情况。利用线上平台，加强与流动党员的联系，确保流动党员能够正常参加组织生活。鼓励流动党员亮明身份，积极参与企业党建工作。优化党员数据管理，适时接转党员组织关系，加强与流出地党组织联系，了解党员思想状况，强化流动党员教育，共同促进流动党员管理。

（3）坚持把雷锋精神融入党建。深入开展学雷锋活动，大力弘扬雷锋精神，丰富党建内容，弘扬民族精神和时代精神，形成奋发向上的精神力量。要把雷锋"刻苦钻研"的学习精神、"干一行爱一行"的"螺丝钉"精神、"勤俭节约"的艰苦奋斗精神、"出差一千里，好事做了一火车"的助人为乐精神，融入党建全过程，最大限度地凝聚思想共识，巩固思想道德基础，使雷锋精神成为党建强大的精神力量。

（案例由吉立新编写，耿云瑶、周立指导）

## 【耿云瑶总经理说】

28年的创业发展之路,给我留下了太多的回忆,更多的是历练和感恩。20世纪90年代初期,我和我爱人双双下岗,为了生计,我们装过自行车,卖过冰棍儿,还给国营医药公司做过业务。1997年5月,在朋友的帮助下,我们凑了5 000元,开了第一家神农大药房。一间16平米的门市房、一个电饭锅、一个电炒勺、一张桌子、一张旧沙发,这就是我们当时全部的家当。那时,我们一家三口就住在店里,白天卖药,晚上生活,一年到头,365天从来没有休息过。虽说很苦,但却充满着奋斗的快乐。第一家小药房是我梦想开始的地方。

2003年,我们注册了四平神农大药房连锁有限公司,2004年,创办了四平市第一家健康体检中心,2006年,又创办了四平神农医院,同时注册了吉林省神农医药集团有限公司。如今,神农集团拥有113家连锁药房,并在全国中小企业股份转让系统挂牌,集团公司也更名为吉林省神农健康产业集团有限公司,成为四平最具实力的民营健康企业。

回望过去,我们跨越了"探索创业""快速发展""健康成长"三个阶段。在漫长的创业过程中,我最大的感悟有三句话。第一句是，党和政府永远是企业的坚强后盾。没有党和政府的支持和关怀，就不会有神农集团的今天。第二句话是，听党话，跟党走，企业健康才长久。健全的党群组织如同一台机器的"发动机"，能给企业足够的力量。第三句话是，守正经营、守正创新、守正发展是产业长青的基石。

神农集团从初创期到现在，我始终认为，企业发展依靠国家和社会，发展成果必须回馈国家和社会。当一个创业者跨越了"养家糊口"的层次，就不再是原来意义上的创业者，而是为社会进步工作的企业家。我的内心遵循一条永远不变的财富分配顺序。那就是"计划企业发展的—交足国家规定的—满足员工需要的—回馈社会公益的—留给自己的"。所以，神农集团始终秉承"百姓是老板，员工是主人"的办企方针，28年来，公司经常参与精准扶贫，助力乡村振兴，奉献社会公益，投身光彩事业，奉献总价值超过3 500万元。员工工资没欠过一分、没拖过一天。

未来，神农集团党委将继续以习近平新时代中国特色社会主义思想为指导，毫不动摇、心无旁骛地引领企业守正发展，为人民健康事业做出应有贡献。

（耿云瑶系中国医药物资协会副会长、

吉林省神农健康产业集团党委书记兼总经理、

四平神农大药房连锁股份有限公司董事长）

## 【周立书记评点】

神农集团作为一家深耕医疗医药领域的民营企业，近年来将党建工作深度融入企业战略布局，探索出"党建强，发展强"的双赢路径，成为非公企业党建助推企业高质量发展的标杆。

首先，企业投资人和领导高度重视党建工作，在企业初期就成立了党组织以及工会、团组织、妇联、关工委和企业武装部等群团组织，从组织上保障党的声音、党的关心能够及时准确地被传递；其次，神农集团把党建与企业经营的关系处理得非常好；再次，党建氛围提振企业员工的思想精神、助力企业达成经营目标，这就像当初党把支部建在连队，从下到上，时时处处都有党员干部的身影，进而组织周全，稳打胜仗。

如何把党组织优势转化为企业治理效能，我认为，神农集团也在这方面交出了让人满意的答卷。他们在实践中创立总结的"双责模式""五项措施""四个结合""三重角色"等内容，非常接地气，也很有成效，值得学习借鉴。

热心社会公益，提倡雷锋精神，并且结合集团在医疗医药领域的综合性发展需要，全心全意为人民健康服务，这既是党建工作的方向,更是企业上上下下的追求。在新的历史时期,神农集团还要在党建活动中增加学习雷锋精神的内容,人人学雷锋、做雷锋。这一股精神力量,将是所有神农人巨大的精神财富,必将为企业、为社会、为员工创造更多的价值。

(周立系中国医药物资协会党支部书记)

# 爱心飞翔：

## 开创药房公益活动新范式

张章奇、郑文川

● **核心提示：**

爱心飞翔活动一直在持续，迄今为止，已经开展到第六季。在中国医药物资协会组织下，在维康药业等企业共同推动下，自2016年启动以来，这项活动不仅成为医药行业的公益活动典范，更在社会各界引发了广泛关注和热烈反响，被誉为"医药行业史无前例、盛况空前的大型公益活动"。

爱心飞翔公益活动从第一季到第六季，已走过9个年头。从最初的药品捐赠、健康义诊，发展到涵盖主题曲创作、人民大会堂启动仪式、爱心大使评选、公益金落地使用、爱心药房活动等多元化形式，逐渐形成了独具特色的公益品牌。它不仅为医药行业树立了公益标杆，更开创了"公益+商业"的创新模式，为企业的可持续发展和社会价值的实现提供了全新思路和基本模式。

爱心飞翔活动开创了"公益三化"模式，即广泛化、痕迹化、持续化。通过每销售1盒指定产品即捐赠0.1元至公益基金的"痕迹化"机制，将公益融入企业日常经营，形成可持续的公益生态。其核心在于联动医药企业、连锁终端、消费者三方力量,将企业经营行为转化为社会公益价值,既提升企业品牌影响力,又推动医药人热心公益事业的常态化发展。

从爱心飞翔的社会影响力来看,其已经从树立行业标杆到发动全民参与的程度。据初步统计,爱心飞翔公益活动覆盖全国30余个省份,累计吸引超1000家连锁企业参与,惠及数千万消费者,募集公益基金数百万元,基金通过慈善公益机构被用于扶贫济困、健康义诊、抗疫支援等项目。活动通过人民大会堂启动仪式、邮轮表彰盛典、主题曲创作等多元化形式,将公益精神注入企业文化,成为在行业内外被广泛传播的爱心符号。

党建/公益

## • 活动缘起

2016年的盛夏，在福州温泉山庄，蓝佳堂生物医药（福建）有限公司与维康药业的联合培训正在进行。时任淮安广济医药连锁有限公司董事长的朱华林、时任湖南九芝堂零售连锁有限公司董事长的郭彩虹，以及时任福建新紫金医药有限公司董事长的王辉等，均亲临现场授课。中国医药物资协会执行会长兼秘书长刘忠良（时任浙江维康药业董事长），也在当时当地召集行业专家代航、张春阳，以及兰增金等，研讨协会活动方案。

那个时期，医药零售行业正在流行单品突破，行业内经常争论高毛产品是否伤客。一些药房也开始在自己的连锁体系内联合厂家做PK赛，如青岛医保城，除了做PK赛，还准备动用媒体做品牌宣传。总体来说，医药零售行业以商业思维主导，但又较为零散。而从社会责任与行业发展来看，也有不少公益活动在开展，但是，公益活动没有持续不断的资金支持，昙花一现的较多，长期坚持的很少。基于这个背景，刘忠良站在行业发展的高度，为企业和市场考虑，参照了国内外结合商业的公益活动模式，即在实现一定产品收益的前提下，捐一部分给慈善机构，再由慈善机构定向划拨捐赠款给特定受益单位。经过在福州的初步论证，刘忠良再与各方面专业人士反复沟通，最终决定在全行业开展爱心飞翔大型公益活动。

## • 爱心飞翔公益中国行

2016年9月，爱心飞翔第一季在杭州启动。维康药业联合全国100家连锁企业发起"百日会战"，覆盖25个省份、70个城市、超1万家门店。活动以"会战一百天，爱心满人间"为口号，设置"脾胃保卫战""咽喉保卫战""心血管保卫战"三大主题，规定每销售一盒产品即捐赠0.1元至中国红十字会"成长博爱基金"，首季活动募集公益基金数百万元。2017年4月，主办方在北京人民大会堂举行了活动的总结表彰大会，22个战队、42位个人获表彰。其中，惠州百姓大药房员工翟武团夺得个人销售冠军，创造销售奇迹，被聘为维康药业形象代言人，成为公益与商业结合的个人典范。

爱心飞翔第二季于2016年12月12日在昆山启动。该季"百日会战"时间为2017年2月20日至5月31日，参与医药连锁企业增至400家，参与的医药工业企业有复星万邦、维康药业、神威药业、核力欣健产业（集团）、蓝佳堂生物医药（福建），共5家，

活动覆盖 400 家连锁药房和 1.5 万家门店。活动以"百日会战"模式,通过组建 8 大战队(如"爱之队Ⅰ""爱之队Ⅱ""心之队Ⅰ""心之队Ⅱ"等),激发连锁企业竞争热情,形成"你追我赶"的公益氛围,影响力辐射数亿人群。

爱心飞翔第三季于 2017 年 4 月在北京人民大会堂启动。参与这一季的企业包括维康药业股份有限公司、江苏万邦医药营销有限公司、石药控股集团石家庄欧意和医药销售有限公司、山东宏济堂制药集团股份有限公司、贵州联盛药业有限公司、杭州核力欣健实业股份有限公司、龙宝参茸股份有限公司 7 家工业品牌企业。活动以"公益行中国,爱心满人间"为口号,创新引入邮轮表彰盛典,在皇家加勒比海洋量子号上对优秀连锁药房进行嘉奖。第三季不仅深化了公益基金的募集,更通过全国范围的健康义诊和药品捐赠,直接惠及贫困地区超 50 万人。其间,江西天顺、湖南怀仁等连锁药房通过"爱心总动员"活动,将公益触角延伸至社区基层,成为社区公益典范。

2025年3月10日，在中国医药物资协会和浙江大学医药大健康产业领航班学习期间，在千名医药人同学见证下，在《爱心飞翔》的优美旋律中，爱心飞翔第六季盛大起航。这一季，增加了"学习雷锋"主题，旨在通过爱心奉献、学习雷锋，为企业、行业、顾客、社会输出正能量，重新燃放"全心全意为人民服务"的精神火炬，用公益结合商业，每个人在各自的岗位上踏踏实实学习雷锋，提升经营业绩和岗位技能。

爱心飞翔活动一直在持续，迄今为止，已经开展到第六季。全

国数百家连锁药房在中国医药物资协会组织下,在维康药业等工业企业推动下,共同参与该公益活动。自2016年启动以来,这项活动不仅成为医药行业的公益典范,更在社会各界引发了广泛关注和热烈反响,被誉为"医药行业史无前例、盛况空前的大型公益活动"。

## 爱心飞翔公益活动模式与意义

### (一)爱心飞翔公益活动实践模式

爱心飞翔公益活动从第一季到第六季,已走过9个年头。从最初的药品捐赠、健康义诊,发展到涵盖主题曲创作、人民大会堂启动仪式、爱心大使评选、公益金落地使用、爱心药房活动等形式多元的活动,逐渐形成了独具特色的公益品牌。它不仅为医药行业树立了公益标杆,更开创了"公益+商业"的创新模式,为企业的可持续发展和社会价值的实现提供了全新思路和基本模式。

爱心飞翔活动开创了"公益三化"模式,即广泛化、痕迹化、持续化。活动通过每销售1盒指定产品即捐赠0.1元至公益基金的"痕迹化"机制,将公益融入企业日常经营,形成可持续的公益生态。其核心在于联动医药工业、连锁品牌终端、消费者三方力量,将企业经营行为转化为社会公益价值,既提升企业品牌影响力,又推动医药人热心公益事业的常态化发展。

### (二)爱心飞翔公益活动对各家药房的意义

从爱心飞翔的社会影响力来看,其已经从树立行业标杆发展到发动全民参与。据初步统计,爱心飞翔公益活动覆盖全国30余个省份，累计吸引超 1 000 家连锁企业参与，惠及数千万消费者，募集公益基金数百万元。通过与慈善公益机构合作，公益基金被用于扶贫济困、健康义诊、抗疫支援等项目。活动通过人民大会堂启动仪式、邮轮表彰盛典、主题曲创作等多元化形式，将公益精神注入企业文化，成为在行业内外被广泛传播的"爱心符号"。

当然，爱心飞翔是以连锁药房为主体开展的公益活动。这个持续性活动，对连锁药房形成自己的公益活动项目，以及对于帮助企业实现商业价值，都是可圈可点的。

**1. 山东燕喜堂——整合与公益双赢**

山东燕喜堂通过参与爱心飞翔，实现了从区域连锁药房到行业龙头的跨越。在第三季活动中，燕喜堂联合威海四家连锁药房完成整合，成为覆盖80%威海市场的巨头，并借助公益活动提升品牌公信力。通过"百日会战"，燕喜堂员工凝聚力显著增强，门店销售额同比增长35%，同时，公益基金被用于员工扶贫和社区健康服务，形成"商业—公益—品牌"良性循环。

**2. 江西天顺大药房——文化赋能典范**

江西天顺大药房总经理皮翃在爱心飞翔活动中以"杨家将精神"打造团队，在第三季活动中组建"爱心先锋队"，通过PK赛激发员工潜能。活动期间，天顺大药房销售额提升28%。

企业内进一步深化开展学习雷锋活动，坚持用雷锋精神建企育人，以"销好药、为百姓"为企业宗旨，以做"老百姓最贴心的药房"为追求目标。企业积极参与社会公益慈善事业，先后设立扶贫助学基金、关注留守儿童群体、捐建守望之家、推出雷锋书屋和喜羊羊暖心计划等。

一次偶然的机会，皮翃了解到第 22 任"雷锋班"班长吴锡有建设雷锋文化博物馆的设想后，当即决定出资建馆，并且保证"免费参观""免费接待"。在与吴锡有达成捐赠协议后，在萍乡市精神文明建设指导委员会办公室和萍乡经济技术开发区的支持帮助下，2017 年 3 月 4 日，不到半年时间，投资 300 余万元、面积 1 000 多平方米的"中国萍乡·雷锋文化博物馆"正式开放。这也是全国首个以实物展出形式纪念雷锋、宣传雷锋精神的博物馆。

这一投资举措不仅强化了企业"健康守护者"的形象，更借助媒体传播将品牌影响力辐射至全省。

### 3. 河北新兴药房——团队建设标杆

河北新兴药房在第二季爱心飞翔活动中通过"战队赛制"重塑团队架构，将门店划分为多个"爱心小组"，引入绩效考核与公益目标挂钩的机制。活动期间，员工流失率下降，顾客满意度大大提升，公司荣获"全国爱心药房"称号。河北新兴药房的经验被中国医药物资协会列为"团队建设标杆"，在全国被推广。

### 4. 怀仁大药房——企业文化升华

怀仁大药房董事长林承雄将爱心飞翔活动精神与企业文化深度融合，提出"做药就是做善事"的理念。通过第三季活动，怀仁大药房在湘西地区开展"健康扶贫行动"，捐赠药品价值超百万元，并联合当地红十字会培训乡村医生。这一行动被《中华儿女》等媒体报道，企业品牌美誉度跃居湖南省前三。

### 5. 整体意义

爱心飞翔活动的参与品牌之多、开展规模之大、持续时间之长，可以说前所未有。那么，对直接参加活动的连锁药房来说，爱心飞翔具体有哪些实际意义呢？总结起来，有以下五点。

（1）推动企业经营发展。活动通过"销售—捐赠"模式拉动门店客流，提升客单价。例如山东燕喜堂在第三季活动中，相关品类销售额增长40%。

（2）加强企业团队建设。PK赛和战队制激发员工竞争意识与协作精神。培训则持续提升员工的专业技能和服务水平。

（3）重塑企业文化。公益活动成为企业价值观的载体，如，怀仁大药房将"爱心"写入员工手册，形成"公益即责任"的文化共识。

（4）助力管理提升。河北新兴药房数据化追踪公益基金流向，优化供应链管理，实现资源高效配置。

（5）显著提升品牌影响力。参与企业获得媒体报道与社会认可。例如，在参加爱心飞翔公益活动后，燕喜堂在第八届供应商大会上启动"G30战略"，吸引600余家厂商合作，品牌影响力辐射全国。

爱心飞翔活动不仅是一次公益创新，更是一场行业变革。它证明，商业与公益并非对立，反而可以相互成就——企业通过公益活动提升品牌价值，社会通过商业支持获得持续帮扶。近10年来，维康药业和其他品牌工业企业，以爱心飞翔为纽带，联动千家连锁药房、数万名员工、亿万名消费者，共同书写了中国医药行业的大爱篇章。可以预见，未来这一模式将持续深化，为"健康中国"战略注入更多爱心力量。

正如活动总策划、青岛医保城药业集团董事长马守军所说："公益是永恒的事业，唯有不断创新，才能让爱心永远飞翔。"

（案例由张章奇、郑文川撰写，孔晓霞、代航指导）

## 【孔晓霞副会长说】

爱心飞翔公益活动,是医药行业将商业价值与社会责任深度融合的生动实践。作为发起者与参与者,我深切感受到这一模式带来的深远变革——维康药业与千家连锁药房以"每销售一盒产品捐赠0.1元"的微小善举,累积出数百万元公益基金的磅礴力量,既为扶贫济困、健康义诊注入源头活水,更让企业经营与公益使命同频共振。

通过联动工业、连锁药房与消费者,公益不再是单向付出,而是多方共赢的生态。工业企业了解了一条"向善增长"的路径,连锁药房在活动中重塑了品牌内核——山东燕喜堂的整合腾飞、江西天顺大药房的雷锋文化扎根、河北新兴药房的组织蜕变,无不印证"利他即利己"的商业智慧。这份启发让我们坚信,医药人的价值不仅在于治病救人,更在于以可持续的公益创新,点燃行业的向善之火,让"健康中国"的愿景因爱心而更具温度与力量。

(孔晓霞系中国医药物资协会副会长、浙江维康药业股份有限公司执行总裁)

## 【刘忠良执行会长评点】

看见爱心飞翔的公益项目在发展，看见医药行业永不消失的爱在我们周围逐渐浓郁起来，成为一双能够飞翔的翅膀、一个翱翔在天空的爱心天使，我的内心有一种很深的感动。企业发展，行业进步，中国经济社会在党的坚强领导下，正在走向繁荣昌盛，伟大的中国梦正在每一个追梦人的眼中逐步展现。此时，我们才更加感受到，只要爱在我们心中，我们就能以更加饱满的激情帮助更多的人、成就更多的人，让他们去实现他们心中的梦想。

如今，爱心飞翔公益活动进行到第六季。我想到了一位又一位有爱的医药人，他们不计得失，乐于奉献自己，那种纯粹和境界，让人念念不忘。从第六季开始，我们增加了学习雷锋的主题，我相信，雷锋这个超越时空的精神榜样的助人为乐、爱岗敬业、全心全意为人民服务的精神，非常值得我们医药人学习和效仿。我愿意和大家一起，学习雷锋，把爱心飞翔公益中国行活动继续引向深入，让社会充满爱，让人人像雷锋一样都有一颗助人为乐的心，让医药行业在为人民健康服务的过程中，做好本职工作，提升业务能力，为社会创造更多价值。

（刘忠良系中国医药物资协会执行会长兼秘书长）

# 后 记
AFTERWORD

我们设想编一本这样的书，已经有好长一段时间了。但真正开始筹划构思，却是三个月前。那是一次千岛湖聚会，不少做药房培训咨询的专家凑在一块，讲到现在药房经营似乎没有方向，都陷在泥潭里，特别是以前的做法现在好像都不灵了。我们当时在一旁思考：可否盘点一下最近这 10 年，药房到底有没有在思考未来发展方向？药房在经营模式创新上有没有能留下来的东西？有没有案例来说明这些问题？之后，我们就制订了一个计划，准备通过一系列案例，看看药房在经营管理模式上到底有哪些创新突破，尤其是能够代表未来发展方向的突破。在协会领导和研究院专家的支持协助下，我们全力以赴，作了各种努力，从筹划到具体组织编写，再到完成本书并交付出版社，只用了不到 3 个月的时间。

所以，我们要感谢所有参与本书编写的作者、进行评说评点的领导和专家，没有他们的高效作业、全心配合，以及不厌其烦的反复修改，我们不可能在如此紧凑的时间内完成这项编撰工作。本书写到的知名连锁药房（含港澳台）超过 40 家，著名品牌工业、数字技术服务商、咨询机构及平台企业等有 20 多家。为便于读者阅读和理解，编写组对部分企业的名称做了简化处理。参与编写点评的作者、专家和领导超过 100 位，包括本书主编代航、于志刚，本书副主编霍佩琼、李从选、齐丽、王李珏、李梅和桑红岩，非常感谢他们的专业和热忱，以及对于这个行业无尽的期待和爱。

我们也有遗憾。出于一些特殊原因，我们不得不放弃将部分案例编入书中。幸好，这个比例不到 20%。

一件事基本干成了，这令人欣慰。但是，这本书有没有写好、模式创新到底是不是创新，只有等待读者和时间评判了。希望今后能够有更多、更好的案例涌现出来，如此，药房模式创新就会是一个永恒的命题，永远值得我们去关注、去总结，去从那些有意义的过往中探索通往未来的秘径。

代　航　于志刚<br>2025 年 3 月 14 日